마케터의 업무가 변한다!

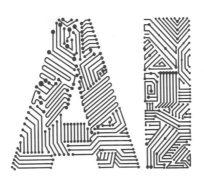

빅데이터 마 케 팅

저자 야마모토 사토루 **번역** 양희은

YoungJin.com Y.
영진닷컴

AI × 빅데이터 마케팅!
마케터의 업무가 변한다

CHIISANA KAISHA DEMO JISSEN DEKIRU! AI × BIG DATA MARKETING

by Satoru Yamamoto

Copyright © Satoru Yamamoto, 2017

Copyright © Mynavi Publishing Corporation, 2017

All rights reserved.

Original Japanese edition published by Mynavi Publishing Corporation

Korean translation copyright © 2019 by Youngjin.com

This Korean edition published by arrangement with Mynavi Publishing Corporation, Tokyo,

Through HonnoKizuna, Inc., Tokyo, and Shinwon Agency Co.

ISBN : 918-89-314-6108-4

독자님의 의견을 받습니다.

이 책을 구입한 독자님은 영진닷컴의 가장 중요한 비평가이자 조언가입니다. 저희 책의 장점과 문제점이 무엇인지, 어떤 책이 출판되기를 바라는지, 책을 더욱 알차게 꾸밀 수 있는 아이디어가 있으면 팩스나 이메일, 또는 우편으로 연락주시기 바랍니다. 의견을 주실 때에는 책 제목 및 독자님의 성함과 연락처(전화번호나 이메일)를 꼭 남겨 주시기 바랍니다. 독자님의 의견에 대해 바로 답변을 드리고, 또 독자님의 의견을 다음 책에 충분히 반영하도록 늘 노력하겠습니다.

파본이나 잘못된 도서는 구입처에서 교환 및 환불해 드립니다.

이메일 : support@youngjin.com

주　소 : (우)08505 서울시 금천구 가산디지털2로 123 월드메르디앙벤처센터2차 10층 1016호

STAFF

저자 야마모토 사토루 | **역자** 양희은 | **책임** 김태경 | **기획 및 진행** 차바울, 성민
표지 박지은 | **디자인 및 편집** 프롬디자인 | **영업** 박준용, 임용수
마케팅 이승희, 김근주, 조민영, 임승현, 이은정, 김예진, 이은정 | **제작** 황장협 | **인쇄** 예림인쇄

이 책이 출간된 2017년 8월 25일, 저는 35세입니다. 2050년에는 68세가 되고, 저의 아이들은 지금 저와 비슷한 또래의 나이가 될 것입니다. 2050년의 일본의 생산 연령 인구는 2015년 대비 3,000만명 정도가 감소할 것이라고 합니다. 인구는 국력과 밀접한 연관이 있고, UN 회원국 193개국 중 인구가 3,000만명에 못 미치는 나라가 75%를 넘는 것을 생각하면 생산 연령 인구가 3,000만명이나 감소한다는 것이 얼마나 큰 문제인지 알 수 있으리라 생각합니다. 68세가 되어 비즈니스의 최전선에서 물러나고 있다고 가정하고, 아이들이 이 각박한 환경 속을 살아나가는 모습을 보면서 아무것도 할 수 없는 것 아닐까 생각하면 가슴을 옥죄는 느낌이 듭니다. 본문에서 이야기하겠지만 AI는 이런 무거운 공기에 한 줄기 빛을 가져다 줄 수 있는 기술입니다.

이 책은 마이나비 출판의 'Web Designing'에 A/B 시험의 통계에 대한 기사를 기고한 것을 계기로 집필하게 되었습니다. 기사가 호평을 얻은 것을 계기로 이번 AI(인공지능)에 대한 책의 집필을 논의하기에 이르렀습니다. 시중에 있는 AI에 관한 책은 AI가 실현하는 미래의 세계관을 그린 것들이 많지만, 그것을 구현하는 프로세스에 관한 기술이 없는 책들이 대부분입니다. 또한 AI에 관한 기술서는 비즈니스의 구체적인 응용 방법에 대해서는 언급하고 있지 않고, 어떤 기술을 사용하면 눈앞의 과제를 해결할 수 있는지를 보여주지 않고 있습니다. 그런 가운데 먼저 비즈니스의 과제와 그 과제를 해결하기 위해 어떤 기술을 사용하는 것이 좋을지 구체적으로 배울 수 있는 책을 만들고자 이 책을 기획하게 되었습니다.

이것이 현 실태에 걸맞다고 생각합니다. 오늘날의 AI 붐과 더불어 많은 기업이 AI를 활용한 서비스 수준의 향상 및 업무 효율 개선에 뛰어들고 있습니다. 하지만 실제로 AI, 그중에서도 특히 본문에서 설명하는 딥러닝과 같은 최신 기술을 이용할 필요가 있는 과제는 전체의 10%에도 미치지 않는다고 생각합니다. 간단한 통계적 처리로 해결할 수 있는 문제가 60% 이상, 이전부터 존재해 온 다변량 해석 및 머신러닝으로 해결할 수 있는 것이 30% 이상이며, 딥러닝의 근본적인 연구 개발까지 필요한 경우는 1%도 채 되지 않는 것 같습니다.

이처럼 풀어야 할 과제가 정리되지 않은 채로 시작부터 대규모 연구 수준의 일에 뛰어들고자 하여, 투자에 대한 성과를 얻지 못하고 AI의 혜택을 얻지 못한 기업도 적지 않습니다. 여기에서 요구되는 인재는 AI 로직의 정밀도를 획기적으로 올릴 연구원이 아니라, 기존 AI의 기술의 특성을 이해하고 그 기술에 어떠한 데이터를 넣으면 직면한 과제를 해결할 수 있을까 하는 설계가 가능한 인재라고 예전부터 느끼고 있습니다. 그러한 인재를 육성하는 기관이 전무하기 때문에 이번 기획이 현재의 과제와 부합한다고 생각합니다.

또한 AI라는 용어가 너무 독립적으로 가고 있다는 것 역시 제가 느끼고 있는 위기의식 중 하나입니다. 최신 AI 기술을 활용하면 예전과 비교하여 압도적으로 높은 수준의 것들이 가능하게 되었는데, 이는 마법의 약이 아닌 용법을 정확히 지켰을 때에 적절한 기능을 보이는 약입니다. 즉, 구체적인 비즈니스 과제에 부응하기 위해서는 AI 기술만으로는 실현이 불가하며, 어떤 데이터를 넣으면 좋을지 역시 상당히 중요합니다.

책의 구성을 정하는 협의 과정에서 '작은 회사도 실천할 수 있는'이라는 요청을 받았습니다. 이는 대규모 AI 투자를 해도 결과가 나오기 쉽지 않다는 현재 과제와 일치하며, 우선 작게라도 시작할 수 있는 방법을 제시하는 것이 중요합니다.

이 책에서 소개한 기술은 제가 이끄는 팀이 코틀러가 이야기하는 마케팅 개념을 AI의 문맥에서 구현하여 고객에게 제공한 실적이 있는 것만 사용하고 있습니다

(정보를 공개할 수 없는 것은 해당 내용을 다루는 논문으로 대체하였습니다). "바보는 경험에서 배우고, 현자는 역사에서 배운다"라는 격언과 모순되게 느껴질지도 모르지만, 큰 흐름이 생겨난 과도기에는 AI의 모든 기술을 포괄적으로 알려고 하기보다는 1개의 성공 사례도 작은 역사로 삼아 보다 구체적인 논의를 하는 편이 실천적 지식을 얻을 수 있다고 생각합니다. 그 틀에서 반드시 짚고 넘어가야 하는 기술에 관해서는 개념을 소개하고, 향후 학습에 도움이 될 수 있도록 집필했습니다.

이 책은 총 5개의 Chapter로 구성되어 있습니다. Chapter 1에서는 AI와 빅데이터의 개요에 대하여 다루고 있습니다. Chapter 2에서는 마케팅을 실행하는 프로세스의 개요와 공통으로 사용되는 AI의 로직에 관한 이야기를 합니다. 특히 사용자가 날마다 접하는 정보로부터 얼마나 사용자의 심리를 간파할 수 있을지에 관한 내용을 다룹니다. 이 책에서 가장 수학적인 Chapter이므로 한 번에 이해가 되지 않을 경우, 신경 쓰지 않고 뒷부분의 응용방법까지 읽어 나가도 괜찮습니다.

Chapter 3에서는 Chapter 2에서 익힌 AI를 활용하여 고객이 상품을 인지하고, 흥미를 가지고 알아보고, 구매하고, 팬이 되기까지의 과정을 어떻게 지원해야 하는지 설명하고자 합니다. 고객의 반응을 토대로 나날이 활동을 개선하는 방법에 주안점을 두고 있습니다. 이번 Chapter에서 소개하는 방법의 대부분은 안정적인 실적이 있으며, 마케팅 실무자에게 유용한 AI의 구체적인 활용법을 보여줍니다. 이 책 중 가장 분량이 많으므로 우선은 자신과 관련이 있는 부분부터 읽어 나가는 것도 좋을 듯합니다.

Chapter 4에서는 고객의 수요가 가시화되지 않은 상황에서 어떻게 잠재적 수요를 발견할지에 관한 내용을 다룹니다. 아직 안정적인 실적을 내지 못하는 경우가 많지만, 대부분이 가까운 미래에 실현될 것이라 생각합니다.

그리고 마지막 장인 Chapter 5에서는 앞으로 마케팅에 어떤 변화가 일어날지에 대하여 저 나름의 예측을 해보았습니다.

이 책을 통하여 조금이라도 많은 사람이 실제로 AI를 활용할 수 있게 되기를 진심으로 기원합니다.

야마모토 사토루

몇 해 전부터 산업 분야를 막론하고 '4차 산업혁명'에 대한 담론이 무성합니다. 그중에서도 4차 산업혁명을 이끄는 기술로 일컬어지는 인공지능(AI)이 가져올 미래의 변화는 많은 이들에게 기대와 동시에 두려움의 감정을 불러일으켰습니다. 자율 주행자동차가 일반화되고 종전의 인간이 하던 업무의 상당 부분이 AI에 의해 대체되면서 일자리가 없어질 것이라는 예측에 사람들은 강렬하게 반응했습니다. 이 책의 필자인 야마모토 사토루는 조금 다른 이야기를 합니다. AI가 인간을 복잡한 작업으로부터 해방시키고 업무 효율을 높여 진짜 중요한 본질에 집중할 수 있는 여유를 줄 것이라고 말이죠. 막연한 두려움에서 벗어나 제대로 '활용'하기 위해서는 AI가 무엇이며 어떻게 우리의 일상 혹은 업무에 활용될 수 있을지를 이해해야만 합니다.

필자는 이 책에서 업종을 불문하고 비즈니스에 있어 필수 불가결한 마케팅을 통해 AI를 설명하고 있습니다. 서울과 상해에서 소비재 브랜드 매니저로 근무한 후, 현재 싱가포르에서 법률 분야 마케팅 업무를 하는 저에게도 이 책은 큰 울림을 주었습니다. AI 데이터 엔지니어로 근무하는 개발자 남편을 둔 덕에 어깨너머로 어렴풋이 들어왔던 AI에 대한 지식을 마케팅이라는 익숙한 분야에 접목하여 보다 쉽게 이해할 수 있었습니다. 마케팅과 AI 두 분야 모두에 대한 깊은 이해를 바탕으로 쓰였기 때문에 AI 기술에 대한 이해가 깊은 독자에게는 비즈니스에 접목할 수 있는 방법을 생각해보게 하며, 저와 같은 AI 기술이 전문 분야가 아닌 독자에게는 마케팅의 실제 적용 사례를 통해 AI 기술에 대해 이해할 수 있는 기회를 제공하는 책이 완성될 수 있었던 것 같습니다.

이 책을 통하여 조금이라도 많은 사람이 막연한 두려움을 벗어 던지고, '어떻게 활용할 것인가' 하는 건설적인 상상을 할 수 있게 되기를 바랍니다.

양희은

CHAPTER 1 마케터를 위한 AI & 빅데이터

CHAPTER 2 AI 마케팅의 기초지식

CHAPTER 3

실전 AI 마케팅

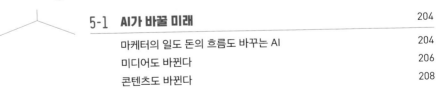

CHAPTER

1

마케터를 위한
AI & 빅데이터

1-1 다시금 주목받는 AI

AI(인공지능)는 사회 여러 방면에서 이미 활용되고 있습니다. 그렇다면 왜 인제야 AI가 다시 주목받는 걸까요? 먼저 주목받는 이유를 바탕으로 AI가 세계에 미치는 영향에 대해 설명해 보도록 하죠. 그 후에 그 정도의 영향을 미치는 것이 가능한 일인지, 기술적 배경 및 우리들이 취해야 하는 전략에 대하여 이야기해 보고자 합니다.

왜 AI인가?

2012년 6월 Google이 개발한 인공지능(AI : Artificial Intelligence)이 고양이의 얼굴을 스스로 인식했다고 발표했습니다.[1] 이 뉴스는 많은 기술자의 관심을 끎과 동시에 AI의 힘을 세계에 알리는 계기가 되었습니다. 어째서 이 뉴스가 이렇게까지 주목을 받은 것일까요? 그 이유는 기존의 AI는 데이터의 어떤 특징에 주목할지를 인간이 결정하고 있었기 때문에 어디까지나 인간의 상상 범주 내에서밖에 학습할 수 없었던 반면, 이 AI는 방대한 이미지 데이터 중에서 세로선과 가로선 같은 기본적인 데이터로 눈과 코 등 얼굴 부위의 특징, 그리고 이들의 조합을 기반으로 고양이 얼굴의 특징을 스스로 학습하고 있었기 때문입니다.

이처럼 인간의 지시 없이도 미가공 데이터로부터 직접 학습하는 AI가 개발됨으로써 AI가 자신을 스스로 개선할 수 있게 된다면 그 성장은 지수적이며 인간의 상상을 훌쩍 뛰어넘는 것이 될 것입니다. AI는 체스 · 장기 · 바둑과 같이 한층 더 복잡

---

1 https://googleblog.blogspot.jp/2012/06/using-large-scale-brain-simulations-for.html

한 게임에서 일류 프로 선수들을 차례로 쓰러뜨리면서 그 가능성을 증명했습니다. 그 이후로 AI와 관련된 뉴스를 보지 않는 날이 없을 만큼 관심을 받게 되었습니다.

제4차 산업혁명, AI

세계는 지금까지 세 번의 산업혁명을 경험했습니다. 18세기 기계·증기 기관 혁명, 19세기 전기·화학 기술 혁명, 20세기의 정보 통신 기술 혁명입니다. 그리고 현재 진행되고 있는 네 번째 산업 혁명의 중심에는 AI가 있습니다. 산업 혁명은 사람들의 생활에 커다란 변화를 가져왔습니다. 다음 페이지의 자료 1-1-1은 1인당 소득의 추이입니다. 1800년을 기준으로 하고 있지만, 서기 원년부터 산업 혁명 전까지 1인당 소득의 추이에는 큰 변화가 없습니다. 반면 19세기에는 제2차 산업 혁명으로 인하여 5배가량 증가하였고, 제3차 산업혁명으로 인해 증가 속도는 더욱 빨라져 2000년에는 12배가량 증가했습니다. 한편, 산업 혁명의 혜택을 받지 못한 국가들의 소득은 여전히 1800년을 밑도는 수준에 머물러 있으며, 선진국과의 격차가 메울 수 없을 정도로 벌어지고 있다고 합니다.

그렇다면 4차 산업혁명에는 어떤 변화가 일어날까요? AI를 중심으로 한 4차 산업혁명은 지금까지의 산업혁명보다 경제력에 더 큰 차이를 낳을 것이라고 알려져 있습니다. 기존의 산업 혁명은 생산성을 높이는 기술이 개발되어도 그 기술을 습득하는 인간의 학습에 한계가 있기 때문에 생산성이 지속해서 성장하는 일은 없었습니다. 그러나 AI의 경우, 인간을 거치지 않고 AI 스스로 지속해서 학습할 수 있기 때문에 생산성이 눈 덩어리처럼 향상됩니다. 즉, 한번 파도에 올라탈 시기를 놓치게 되면, 그 차이가 종잡을 수 없이 커지기 때문에 AI를 활용한 생산성 향상에 빠르게 뛰어드는 것은 매우 중요합니다.

□ 자료 1-1-1 산업혁명에 의해 소득에 커다란 변화가 일어나다

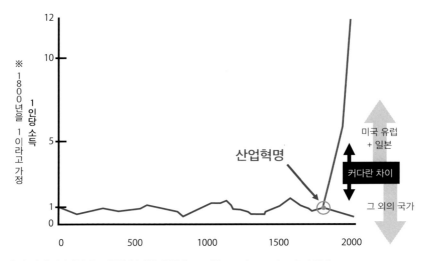

출처: 이미 시작되었다! AI 혁명의 '대분기'란? (https://dentsu-ho.com/articles/4114)

AI가 창조하는 경제 규모

이어서 AI가 창조하는 경제 규모에 대해 살펴보도록 하죠.

전 세계적으로 AI 관련 기업들이 대거 자금을 조달하고 있습니다. 매년 그 금액
은 커지고 있으며 2016년에는 50억 달러를 넘어섰습니다. [2]

일본은 '신산업 구조 비전[3]'을 통해 IoT(사물 인터넷) 기반 환경을 구축하여 실제
사회의 모든 사업 및 정보를 데이터화하고, 이를 네트워크를 통해 자유롭게 주고
받으며, 모인 대량의 데이터를 분석하여 새로운 가치를 창출하는 형태로 사용 가

2 https://www.cbinsights.com/research/artificial-intelligence-startup-funding/
3 http://www.meti.go.jp/press/2017/05/20170530007/20170530007.html

능한 빅데이터의 처리 기반을 갖춘다는 비전을 제시하고 있습니다.

그리고 AI로 인해 기계가 스스로 학습하고 인간 이상의 높은 수준의 판단을 하며, 그 판단을 토대로 다양하고 복잡한 작업이 로봇에 의해 자동화된 세계가 그려져 있습니다. 이처럼 실제 세계(Real World)와 결합하여 지적(Intelligent)으로 처리하며, 자연스러운 유저 인터페이스(Natural User Interface)를 통해 사용자와 주고받는 것을 그 머리글자를 따서 'RIN 컴퓨팅'이라고 부릅니다.

이러한 신기술이 활용될 유력한 후보로 다음과 같은 분야를 들 수 있습니다.

① 제조 혁신 · 산업 보안 · 유통 · 소매
② 자율 주행
③ 금융(핀테크)
④ 건강 · 의료 · 간호
⑤ 스마트 하우스 · 스마트 커뮤니티 · 에너지
⑥ 교육
⑦ 농업
⑧ 관광

위에 열거한 분야에서 향후 활약하는 기업은 R · I · N 3개 차원의 신기술과 더불어 회사의 자체 데이터 및 노하우를 더한 4차원 기업이라 정의할 수 있습니다. 그리고 4차원 기업으로 인해 일본은 2030년까지 30조엔의 GDP 증가가 이루어질 것으로도 예측됩니다. 이러한 상황을 이끌어 나가는 하나의 요인으로 '딥러닝에 의한 AI 기술의 비연속적인 진화'를 꼽을 수 있습니다.

딥러닝은 무엇을 배워야 하는지조차 스스로 배운다

그렇다면 '딥러닝에 의한 AI 기술의 비연속적인 진화'란 무엇일까요? 이를 설명하기에 앞서 AI의 역사를 되짚어 보도록 하죠. 생각하는 포인트가 사람마다 다를 수 있습니다. 다양한 정보를 얻고 그 정보를 정리하여 상황에 따라 친구처럼 이야기해 주는 기계도 물론 AI이지만 오래된 TV 게임에서 무작정 자신을 쫓아 오던 적 캐릭터 역시 넓은 정의에서는 AI입니다. 예를 들어 가전제품 중 세탁기가 세탁물의 소재 및 오염 상태를 감지하고 적절한 설정으로 자동 선택하는 기능도 AI입니다.

그래서 이번 장에서는 AI를 4단계로 나누어 설명하고자 합니다.

1단계는 '적이 오른쪽에 있을 때는 오른쪽으로 이동하고, 왼쪽에 있을 때는 왼쪽으로 이동한다'와 같이 '간단한 제어에 따르는 AI'가 있습니다. 이처럼 AI를 현실의 과제에 적용할 수 있도록 '센서로 소재와 얼룩을 감지하고, 튼튼한 천에 심한 얼룩이 묻은 경우에는 세제를 많이 투입하여 2회 세탁 코스를 실행한다'와 같이 한층 더 복잡한 문제를 해결하는 것이 2단계의 AI입니다. 그러나 이 수준의 AI는 뭔가를 배우고 있다기보다는 '논리에 따라 움직이는 AI'이며, 현재 AI의 이미지와는 거리가 있습니다.

3단계의 AI는 '데이터를 바탕으로 학습하는 AI'입니다. 이와 같은 AI를 '머신러닝'이라고 합니다. 예를 들어, '20대 남성에게 화장품을 보여줘도 사지 않았다', '30대 남성에게 화장품을 보여줘도 사지 않았다', '20대 여성에게 화장품을 보여주니 구매했다', '30대 여성에게 화장품을 보여주니 구매했다'와 같이 인간이 가진 특징과 구매 여부의 관계를 데이터에서 학습한 후에는 '여성이 화장품을 쉽게 구매한다'는 판단을 할 수 있게 됩니다. 그러나 예시를 통해서는 어떤 사항에 주목하면 된다는 기준까지는 학습할 수 없기 때문에 그 판단 기준은 인간이 설계해야 합니다. 설계가 잘못될 경우 '도쿄에는 화장품을 사는 사람이 2명, 사지 않는 사람이 2명'이라는 판단을 내려 학습 효과를 발휘할 수 없는 결과를 도출할 수도 있습니다. 이 문제는 AI의 역사에 뿌리 깊게 존재해 온 과제였습니다.

수집한 미가공 데이터로부터 특징을 추출하는 것이 가능하게 된 4단계 AI를 '딥러닝'이라고 부릅니다. 학습 가능한 것들을 가르쳐 주면 학습을 실시하는 3단계의 AI와 달리, 4단계 AI는 무엇을 배울지조차 스스로 결정합니다.

□ **자료 1-1-2 인공지능·기계학습·딥러닝의 포함 관계**

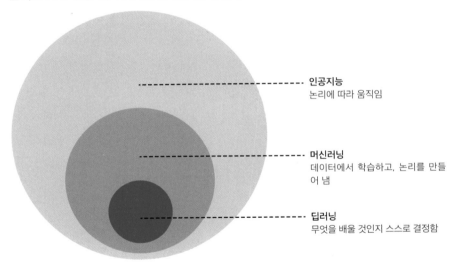

인공지능
논리에 따라 움직임

머신러닝
데이터에서 학습하고, 논리를 만들어 냄

딥러닝
무엇을 배울 것인지 스스로 결정함

3단계와 4단계 AI의 차이점은 이미지 인식을 예시로 설명하면 이해하기 쉽습니다. 예를 들어 3단계 AI가 개와 고양이의 이미지를 학습하여 판별하려고 할 경우, 그 AI가 직접 이미지의 픽셀 데이터를 읽어오도록 하더라도, '가장 오른쪽 위에 있는 픽셀이 검은색일 때, 고양이 이미지일 수도 있고 개 이미지일 수도 있다'라는 판단밖에 할 수 없으므로 분명한 특징을 잡아낼 수 없어서 이미지 인식이 불가합니다. 그래서 인간인 엔지니어가 눈과 귀와 입을 인식하는 코드를 작성하여 적용해야만, 그 위치 관계로부터 이미지 속 동물이 고양이인지 혹은 개인지를 판정할 수 있습니다. 정밀도가 충분하지 않을 때는 털을 학습하는 프로그램을 추가하는 등의 방법이 있습니다.

그러나 개와 고양이가 아니라 꽃과 나무를 판별하는 프로그램을 만든다면, 이전에 만들었던 개와 고양이 구별 프로그램은 무용지물이 되며 새로운 특징을 추출하는 프로그램을 시작 단계부터 다시 만들어야 합니다.

AI 4단계인 딥러닝에서는 다수의 이미지에서 세로선과 가로선 등 어떤 이미지에서도 찾을 수 있는 기본적인 특징을 잡아내고, 동물의 이미지를 충분히 입력한 경우 이를 통해 귀나 입, 그리고 그 조합을 통하여 전형적인 고양이의 얼굴 패턴 등을 학습하게 됩니다. 식물의 데이터를 많이 입력한 경우에는 줄기와 가지 등의 패턴을 학습합니다.

☐ **자료 1-1-3 개와 고양이를 판별할 때의 AI 3단계와 4단계의 차이**

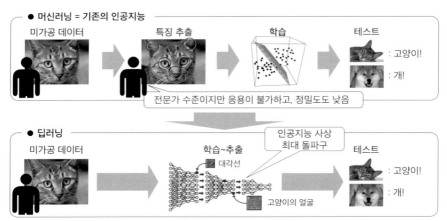

즉, 지금까지 AI 3단계에서의 데이터 특징 추출은 사람의 지원 작업을 필요로 하며, AI가 작업의 효율을 높이는데 기여하기 위해서는 조정 시간이 필요했습니다. 그러나 대량의 데이터를 제공하면 자동으로 특징을 학습할 수 있는 딥러닝이 개발되어 AI의 스스로 학습이 현실이 되면서 보다 다양한 방식으로 AI를 활용할 수 있게 되었습니다.

어떻게 자동으로 데이터의 특징을 추출할 수 있을까?

이 책은 AI 이론 전문 서적이 아니기 때문에 개념적으로 딥러닝을 이해할 수 있도록 설명하겠습니다. 딥러닝은 뇌 신경세포의 연결을 모방한 '신경망'이라고 불리는 기술의 하나입니다. 나중에 설명할 예정이지만, 신경세포가 깊이 있게 연결되어 있다는 이유로 '딥' 러닝이라 불립니다.

딥러닝은 인간 뇌의 신경망(신경세포)을 모방하여 구축되었습니다. 즉, 정보를 모으는 '신경세포'라고 하는 부위와 신경세포를 서로 연결하는 부위인 '시냅스'로 구성됩니다.

우선 신경망을 간단하게 생각해 봅시다. '키와 몸무게'를 입력하면 '아이인지 성인인지' 예측하도록 하는 상황으로 예를 들어봅시다. 키 170cm에 체중이 60kg이라면, 두 숫자를 더했을 때 230이 됩니다. 지금까지 학습한 데이터를 기반으로 이 합계가 160을 초과하면 성인으로 판단하기로 합니다. 얼마나 정확한지는 둘째로 하고, 나이가 들수록 커지는 숫자를 판단의 근거로 사용하는 것은 어느 정도 설득력이 있는 이야기입니다. 여기에 제3의 입력으로 머리카락 길이가 있다고 합시다. 그러나 머리카락 길이가 짧은 성인도 있고 긴 아이도 있으므로, 성인인지 아이인지 판단하는 데 있어 머리카락 길이는 고려 대상이 되지 않습니다. 이 경우 머리카락의 길이에 대응하는 신경세포와 예측에 대응하는 신경세포 사이의 연결 고리를 약하게 하여, 앞의 덧셈 시에 고려하지 않도록 해야 합니다. 따라서 신경망은 입력 데이터와 예측 데이터 사이의 관계를 조정함으로써 예측의 정확도를 높이는 것입니다.

□ 자료 1-1-4 간단하게 알아보는 신경망

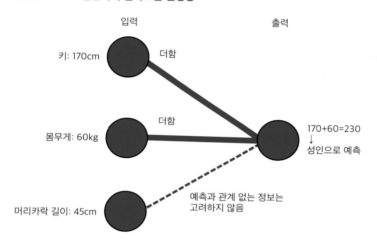

그러나 이처럼 숫자를 더하는 것만으로는 복잡한 예측을 할 수 없습니다. 그래서 입력과 출력 사이에 중간 신경세포를 넣는 것입니다. 복잡하기 때문에 자세한 설명은 생략하지만, 한 번 합한 것을 다시 더해서 합치면 복잡한 로직을 만들 수 있다는 사실은 직관적으로도 이해할 수 있을 것입니다. 이 중간 신경세포로 이루어진 층을 '숨겨진 층'이라고 합니다. 숨겨진 층은 한 층뿐만 아니라 여러 층으로 겹쳐질 수 있습니다. 이처럼 층층이 반복해서 쌓은 것을 '딥러닝'이라고 합니다.

첫 번째 층은 앞서 아이인지 성인인지 예측할 때와 유사하게, 입력된 값을 그대로 더합니다. 두 번째 층은 첫 번째 층의 수치를 합한 것입니다. 마찬가지로, 세 번째 층 이후도 차례차례 그 이전 값을 더하면 됩니다. 층이 깊을(많을)수록, 한층 더 복잡한 특징을 파악하는 것이 가능합니다. <mark>자동으로 조정되는 신경세포 사이의 연결이, 특징을 자동으로 추출하는 작용</mark>을 합니다.

☐ **자료 1-1-5 딥러닝의 구조도**

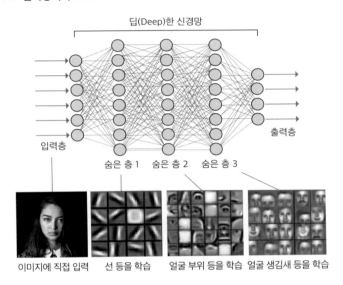

그렇다면 어떻게 해야 연결 고리를 최적화할 수 있을까요? 애초에 '최적의 연결'이란 무엇일까요? 최적의 연결이란 분류하고 싶은 것을 정밀하게 분류할 수 있는 연결이라고 할 수 있습니다. 이번 장에서는 조직의 보고망이 의사결정에 적합한 형태로 최적화되어가는 모습을 예로 들어 설명하고자 합니다.

딥러닝의 각 층을 조직의 직위라고 가정해봅시다. 최종 예측을 출력하는 층은 회사에서 의사결정을 내리는 층이라 할 수 있으므로 사장이라고 하겠습니다. 거기서 한 층 입력 단계에 가까운 층은 임원이고, 입력에 접근할수록 부장, 차장, 과장, 대리, 사원이 된다고 생각해 봅시다. 이 조직이 어떤 회사에 투자할 것인지를 결정할 때, 사장은 "그 회사의 주가가 오를 것이라 생각하나?"하고 임원들에게 묻습니다. 그러자 한 임원이 "올라갑니다!"라고 답하였고, 다른 한 임원은 "내려갑니다!"라고 대답했습니다. 시간이 흘러 투자를 고려하고 있었던 회사의 주식이 올랐다고 합시다. 그러면 오를 것이라 답했던 임원과 사장의 관계가 강화되겠죠. 사실 임원이 사장으로부터 주가가 오를지 내릴지 여부에 대한 질문을 받았을 때, 대충 대답할 수는 없기에 자신의 팀 부장에게 의견을 구했었습니다. 사장과의 관계 강화 때와 마찬가지로, 주식이 오를 거라고 예측하는 데 공헌한 부장과의 관계도 강화됩니다.

현실 세계는 이처럼 간단하지 않지만, 딥러닝 구조의 관점에서 생각해보면 좋은 판단을 내린 신경세포 사이는 두꺼워지고, 이후로도 그렇게 두껍게 연결된 신경세포의 의견에 중점을 두고 결정을 내릴 것입니다. 이처럼 정답에 공헌한 관계를 점점 거슬러 올라가며 두터운 관계를 형성하는 것만으로도 자연스럽게 문제해결에 적합한 구조를 만드는 방법을 '백프로퍼게이션(Back Propagation)'이라고 부릅니다.

한편, 조직이 점점 계층화되면 원래 누가 정확한 예측을 한 직원이었는지 불분명해지는 현상이 일어납니다. 이는 전사적인 문제를 갑자기 해결하려고 했기 때문입니다. 그래서 각 층 간의 관계를 사전에 어느 정도 최적화해 둘 필요가 있습니다. 좋은 관계가 형성되어 있다고 말할 수 있는 상황은 임원, 부장, 차장, 과장, 대리 등에게 물었을 때 현재 부하 직원들 사이에서 일어나고 있는 일들을 어느 정도 파악하고 있으며, 이들의 의사가 통일된 상황입니다. 그런 상황은 어떻게 만들 수 있을까요? 예를 들어, 같은 생각을 가진 직원들을 1명의 대리 아래에 모여있도록 하는 등 동시에 반응하기 쉬운 대상들을 한 곳으로 모아두어야 합니다. 대리가 "이것이 좋다"할 경우, 그 대리의 부하 직원들 의견 역시 같은 의견이라고 볼 수 있습니다. 이처럼 상사의 의견만 들으면 부하 직원들 사이에서 무슨 일이 일어나고 있는지를 어느 정도 파악할 수 있도록 정보를 집약하는 방법, 다시 말해 특징을 파악할 수 있도록 하기 위하여 먼저 일반 사원과 대리 사이, 다음으로 대리와 과장 사이 등으로 단계적으로 밟아 올라가는 방법을 '자동 인코딩'이라 부릅니다.

이전보다 네트워크를 깊게 구축하면 데이터의 특징을 곧잘 잡아낼 수 있을 것 같지만, 깊은 층의 네트워크에서 학습을 시키면 조금 전 설명한 바와 같이 '누가 이야기 했는지 알 수 없는' 문제가 발생하여 학습을 제대로 진행하기가 어렵습니다. 단계적으로 특징을 파악하는 '자동 인코딩'이라는 돌파구가 있었기에 비로소 딥러닝이 실현될 수 있었습니다.

□ 자료 1-1-6 조직도에 비유한 딥러닝

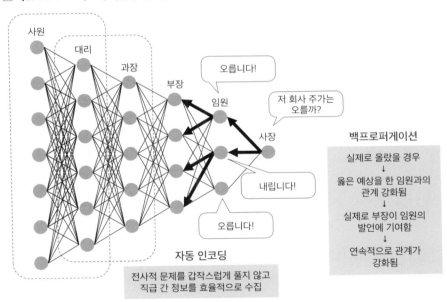

딥러닝에서는 자동 인코딩과 백프로퍼게이션이라는 기술을 통해 사원의 의견(미가공 데이터)부터 대리, 과장, 차장, 부장, 임원와 같은 각 직급의 위치에서의 상황 파악(특징)을 자동으로 할 수 있게 되었다고 이해해두면 좋겠습니다.

AI 산업의 현 상황과 전망

지금까지 딥러닝이 실현하는 '데이터의 특징을 자동으로 파악'하는 능력으로 AI 가 창출해내는 경제 규모와 어떻게 이러한 능력이 실현 가능한지에 대하여 설명 했습니다. 그렇다면, 어떻게 대처해야 할까요?

일본의 제4차 산업 혁명에 의한 취업 구조 전환의 실태 보고에 따르면, 'AI 관련 해외 상품을 사용하는 나라'에 머물 경우 AI와 로봇의 존재를 전제로 한 혁신적인 산업군을 선도할 수 없으며, AI로 대체 가능한 저임금 업무가 더욱 증가할 것이라 예상합니다. 더 창의적이며 고부가가치인 산업 영역을 발전시키기 위해 '국가적 차원의 AI'를 강화하는 것이 급선무입니다.

한편 'AI가 사람의 일을 빼앗을 것'이라는 견해도 있지만 사실 필요에 의해 'AI 가 일을 대신할 것'이라 볼 수도 있습니다. 일본은 저출산 고령화의 영향으로 지속 해서 증가해온 생산가능인구(15~64세)가 1995년 인구 조사 시 8,726만 명을 정점으로 감소하기 시작했고, 2015년에는 7,785만 명을 기록했으며 2050년에는 4,930만 명까지 감소할 것으로 예상됩니다. 비율로 따지면 생산가능인구가 약 37% 감소할 전망입니다. 한때 49%의 일을 AI가 대체하여 사람의 일은 절반 수준으로 감소할 것이라는 예측이 세상을 흔들었지만, 이는 낙관적인 예측에 불과하며 이후 OECD 가 추정한 현실적으로 대체 가능한 일은 8%였습니다. 업무의 총량이 변하지 않는 다고 가정할 때, 예측대로 49%의 일이 AI에 의해 대체 될 경우 1인당 업무량이 감 소하지만 37% 이상이 일을 할 수 없는 경우 오히려 현재보다 1인당 업무량이 증가 하게 됩니다. 만약 OECD의 예측이 맞는다면 1인당 업무량은 46%나 증가할 것입 니다. 이런 상황을 고려했을 때, AI의 힘을 빌어 얼만큼이나 생산성을 높일 수 있 는 가 하는 것은 중요한 문제입니다. 한국도 제4차 산업 혁명의 혁신적인 산업군 을 선도하고, 저출산 고령화에 대비하여 생산성을 향상하려면 AI 산업의 강화가 필수적입니다.

　제3차 산업 혁명인 정보 통신의 혁명을 이끈 주역은 인터넷과 인터넷을 기반으로 구축된 서비스였습니다. 대부분 사용자를 대상으로 하며, 사회·문화의 색이 강하게 반영됩니다. 한국도 모국어가 영어가 아니므로 전세계 사용자를 대상으로 하는 인터넷 서비스로는 성공하기에 어려움이 많았습니다. 한편, AI 산업에서는 자율 주행을 비롯한 기술 그 자체에 가치가 있으므로 기술역량을 강화하여 발전해 나아간다면 산업혁명의 수혜를 얻을 것으로 생각됩니다.

　더불어 저출산 고령화에 따른 노동력 부족을 일본에 이어 한국이 빠르게 겪고 있어 생산성 향상이 급선무이기 때문에, 인공 지능 사회 구현에 관련된 규제가 다른 나라보다 조금 더 빨리 완화될 수도 있습니다. 이로 인해 많은 양의 데이터를 조금이라도 빠르게 취득하고, 그 데이터를 학습하는 과정에서 선행자 혜택을 누릴 수 있으리라 생각됩니다.

1-2 AI를 실제로 활용하기 위해서는?

전 장에서는 어째서 AI가 중요한지를 이야기했습니다. 이 책에서 포괄적인 설명은 하지 않을 예정이지만, 책, 잡지 그리고 인터넷 기사 등을 통해 다채롭게 AI의 사례가 소개되고 있습니다. 그런데도 실전에서 활용하려고 하면 벽에 부딪히게 됩니다. 이번 장에서는 그 벽을 어떻게 하면 넘을 수 있을지에 관해 설명해보고자 합니다.

AI 활용 시 넘어야 하는 벽

AI를 도입하기에 앞서 먼저 AI가 무엇인지 이해할 필요가 있습니다. 현재 AI 관련 정보는 대부분 다음 두 가지로 분류됩니다. 하나는 수학적 내용과 이를 프로그래밍하는 방법을 설명한 엔지니어를 위한 정보이고, 다른 하나는 비즈니스 응용사례를 소개하는 비즈니스 관련 정보입니다. AI를 실제 사업에 적용할 시 업종별 비즈니스와 데이터의 특성을 이해하고 시스템을 설계해야 합니다. 즉, 업종의 특성에 따라 시스템 설계를 맞춰야 한다는 것입니다.

특수한 상황을 예로 드는 것은 적합하지 않으므로, 다른 분야에서도 응용할 가능성이 높은 범용 업종에서 구체적으로 시스템 설계가 가능한 수준으로 설명하는 것이 효과적일 것이라 생각합니다. 다시 말해, 범용적으로 설명할 수 있는 AI 구현사례를 구축하는 것입니다. 이 상황에 가장 적합한 업종이 바로 마케팅이라고 생각합니다.

최근『통계가 최강의 학문이다』[4]라는 책이 주목받은 이유는 바로 통계학이 모든 자연 과학의 문법으로 사용되기 때문입니다. 이처럼 비즈니스에 있어서 마케팅은 업종을 불문하고 공통의 문법이라고 볼 수 있습니다. 마케팅에 AI를 도입함으로써 폭넓은 산업군에서 활용 가능한 시스템을 구축할 수 있을 뿐만 아니라 '엔지니어 위주로 설계되어 현실과 괴리가 있다', '응용 사례의 실현 방법을 떠올리기 쉽지 않다'와 같은 문제를 해결할 수 있으리라 생각합니다.

□ 자료 1-2-1 AI 도입이 어려운 이유는?

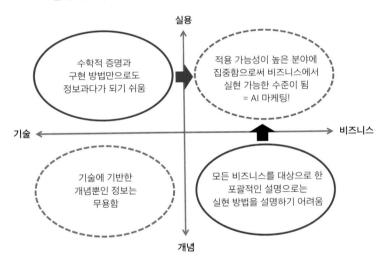

4 『통계가 최강의 학문이다』(저자: 니시우치 히로무, 다이아몬드 출판, ISBN978-4-478-02823-0)

마케팅 AI가 커버하는 주요 영역

그렇다면, '마케팅에 도입된 AI(이하 마케팅 AI)'란 무엇일까요??

먼저, 마케팅 AI의 목적은 사람의 심정 변화를 파악하고 그 사람에게 가장 적합한 정보를 발신하는 것입니다. 그러기 위해서는 어떤 것이 필요할까요? 바로 사람의 마음을 반영하는 데이터입니다. AI에게는 데이터가 그 무엇보다 중요합니다. 현재 입수가 쉬운 데이터는 웹상에서의 사람의 행동 데이터입니다. 행동 데이터에는 '어떤 콘텐츠를 읽고 있는가', '어떤 제품을 구매하고 있는가' 등이 있습니다. 자사 사이트의 경우 이러한 웹상 사용자의 행동을 파악하는 다양한 도구가 존재해 데이터를 입수하기가 비교적 쉽습니다. 나아가 실제 매장 내의 감시 카메라 등을 이용한 행동 데이터도 수집이 가능해지고 있습니다. 미래에는 제품을 사용하고 있는 사람의 표정도 수집할 수 있을 것이라 생각합니다.

마케팅 AI는 이처럼 사람의 심정 변화를 반영하는 데이터를 학습한 AI라고 볼 수 있습니다. 그렇다면 마케팅 AI가 이 책의 1-1장에서 언급한 핵심 산업군에서 어떻게 활용되는지를 살펴보겠습니다.

☐ **자료 1-2-2 사람의 다양한 행동 데이터로부터 심정의 변화를 파악하는 마케팅 AI**

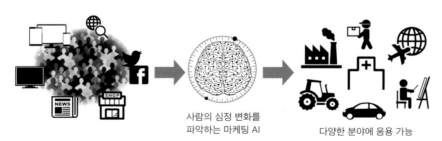

사람의 심정 변화를
파악하는 마케팅 AI

다양한 분야에 응용 가능

▌제조 혁신 · 산업 보안 · 유통 · 소매

이미 많은 전자상거래에서 AI가 활용되고 있습니다. 온라인 쇼핑몰의 '맞춤 추천' 같은 기능이 전자상거래에서의 전형적인 AI 활용 사례입니다.

이 분야에서는 웹상에서의 행동 데이터를 바탕으로 고객이 구입할 확률이 가장 높은 상품을 결정하여 추천합니다. 그뿐만 아니라 PR 방법, 가격까지도 AI가 결정할 수 있습니다. 이것이 바로 이 책에서 설명하는 마케팅 AI입니다.

이러한 기술은 온라인뿐만 아니라 점포에서도 적용이 가능합니다. 매장에 고객이 방문하는 순간부터 휴대폰의 고유 ID를 인식하거나 혹은 얼굴인식 기술 등을 통해, 고객의 온라인에서의 행동 데이터로부터 학습한 고객의 심정 변화를 반영한 제품 PR이 가능합니다. 온라인에서의 고객의 행동을 대략 파악한 후에, 점포 내에서의 행동 데이터로부터 더욱 상세히 고객의 마음을 알 수 있습니다. 그리고 점포에서 얻은 고객 행동 데이터를 다시 온라인 분석에 반영할 수 있습니다.

또한 마케팅 AI는 유통 분야에도 응용할 수 있습니다. 최근 온라인 쇼핑의 성장으로 인한 운송 자원 부족 현상이 유통업계가 해결해야 하는 문제로 대두되었습니다. 마케팅 AI는 사용자의 동향을 파악하고 있기 때문에 언제 어디서 어떤 제품이 판매될지 사전 예측이 가능합니다. 그 예측을 바탕으로 수요가 높아지는 지역에 미리 해당 상품을 대량으로 운송하거나 운송을 최적화함으로써 유통에 드는 비용 및 시간을 절감할 수 있습니다.

끝이 아닙니다. 마케팅 AI로 미래 수요 동향을 파악하는 것은 신제품 개발에도 유용할 수 있습니다. 주목을 받고 있는, 고객의 필요에 부응하는 제품과 서비스를 제공하는 '매스 커스터마이제이션(Mass Customization)'에도 마케팅 AI를 활용할 수 있습니다. 마케팅 AI가 고객의 마음을 사전에 파악하여 고객이 스스로 모든 것을 결정해야 하는 부담을 줄일 뿐만 아니라, 고객 스스로 뚜렷하게 인식하지 못한 수요를 예측하여 제품을 제안하는 것까지 가능합니다.

□ 자료 1-2-3 유통·제품 개발 분야의 AI 활용

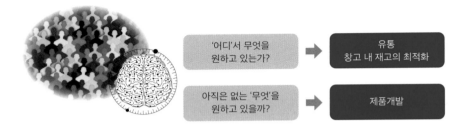

▌관광

관광 분야에도 마케팅 AI를 직접적으로 활용할 수 있습니다. 예를 들어 마케팅 AI의 '고객이 필요로 하는 정보를 파악하는 능력'을 활용하여 여행 경험을 보다 만족스럽게 제공할 수 있습니다. 고객의 행동 경로를 기반으로 주변의 음식, 놀이공원, 역사 명소, 스포츠, 쇼핑, 박물관 등 고객에게 가장 적합한 정보를 휴대폰을 통해 실시간으로 제공할 수 있습니다. 또한 첫날 수집한 행동 데이터를 기반으로 다음날 여행 계획을 제공하는 것 역시 가능합니다.

이처럼 정보를 제공할 뿐만 아니라 각 장소에서 어떤 기념품 구매 비율이 높은지를 확인하여 소비를 유도하는 것도 가능합니다.

여행 전 활용 사례로는 고객의 행동 데이터를 수집하여 어떤 콘텐츠를 원하는지 파악한 후, 여행사 점포에 설치된 VR 기계를 통해 미리 체험할 수 있도록 하는 콘텐츠 제작에 활용할 수 있으리라 생각합니다. 사전 VR 체험을 통해 여행에 대한 동기를 더욱 강화할 수 있겠죠.

여행 후에는 여행지에서 구매한 기념품의 재구매를 유도하거나 여행자와 관광지의 관계를 유지하여 지역 상생을 추구하거나 다음 여행지를 제안함으로써 지속해서 여행을 갈 수 있도록 유도하는 사이클을 만드는 등의 활용 방법을 생각해 볼 수 있을 것 같습니다.

□ **자료 1-2-4 관광분야 AI 활용 일람**

	여행 전	여행 중	여행 후
추천	**여행 전 추천** 행동 로그를 통한 미디어의 추천 → 여행지, 가격, 장소를 수요에 　따라 추천	**현지 추천** 위치 정보 · 여행 일정을 중심으로 한 추천 · 장소에 연관된 이야기 · To-do List 작성 · 화장실, 수유실 등 안내	**다음 여행에 앞서 추천** 본인: 다음에 가고 싶은 장소의 얼리버드 및 현재 예약 정보 다른 사용자 : 리뷰
기록	**여행 가이드북 제작** 가고 싶은 장소를 입력 → 식사, 기념품, 이동 방법, 추천 　명소를 포함하여 일정 및 필요 　아이템 등을 넣어 여행 가이드 　북을 자동으로 제작	**가이드북 업데이트** 일정에 변경이 있거나, 비가 내리 는 등 갑작스러운 상황 변화에 맞 추어 일정을 자동으로 업데이트	**여행 앨범 제작** 가고 싶은 장소를 입력 → 경로, 사진, 명소 등을 넣어 자동 　으로 앨범 제작
쇼핑	**기념품 사전 구매** 반드시 구입할 물건은 인터넷에서 구매	**기념품 기록** 나중에 볼 상품을 체크	**기념품 차후 구입** 구매 하지 못한 물건을 구매
여행사	**여행사의 오락화** VR을 활용한 여행 사전 체험	**바로 옆에서 가이드** · 어디 있는지 항상 알 수 있다 · 사람들이 어디서 무엇을 원하는 　지 파악하여 바로 알려줌	**기획에 활용** 기존 계획을 짜깁기한 것이 아닌, 고객 니즈를 고려한 기획에 활용

콘텐츠 정보 ↑ ｜ 예약 번호 ↓　　도착번호 ↑↓ 고객관심　　게시판 ↑↓ 정보게재
혼란 상태 ↑ ｜ 쿠폰 ID ↓

관련 사업　

▌**교육**

　교육 역시 관광과 유사하게 직접 마케팅 AI를 활용할 수 있는 분야입니다. 마케팅 AI는 고객 행동 데이터를 바탕으로 다음에 어떤 정보를 보여주면 상품을 구매할 확률이 최대화되는지를 추측할 수 있습니다. 부동산 구매와 같이 리드 타임이긴 상품에도 활용 가능합니다.

　이처럼 기술을 활용하여, 어떤 문제를 푸는 것이 성적을 올리는 데 가장 효율적

으로 도움이 될지를 예측합니다. 지식 보유율을 계산하면서 적합한 시기에 적합한 문제를 제시하고, 그 문제의 정답/오답 여부를 실시간으로 학습에 반영하여 다음 문제 제시에 활용할 수 있습니다. 이처럼 개별 학생에 맞추어 학습 내용을 바꾸는 방법과 구조를 '맞춤형 학습(Adaptive Learning: 어댑티브 러닝)'이라고 합니다. 특히 수학 등에서는 기존의 문제를 제시하는 것뿐만 아니라, 문제를 자동으로 생성할 수도 있습니다. 교육 관련 문제에서도 역사뿐만 아니라 평소의 행동 데이터와 더함으로써 행동 패턴의 차이로부터 학습 효율의 차이를 인식하여 맞춤형 학습의 정확도를 향상할 수 있습니다.

또한 공부하려는 동기를 높이기 위해 '이 문제를 풀면 성적이 오른다'에서 그치는 것이 아니라 '성적이 오르면 미래가 어떻게 바뀔 것인가'를 보여줍니다. 학습자가 흥미를 가질만한 주제로 문제를 제시하는 것도 하나의 예입니다. 마케팅 AI가 사용자의 정보를 더함으로써, 어떤 사람에게는 로봇 애니메이션을 주제로 한 문제를 제공하며 또 다른 사람에게는 스포츠를 주제로 한 문제를 제공할 수 있습니다.

□ 자료 1-2-5 AI로 문제 자동 생성

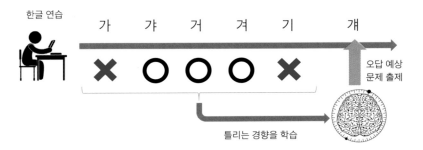

건강 · 의료 · 간호

관광 · 교육 분야와 같이 사용자의 관심을 직접 측정하는 것은 아니지만 행동 패턴으로부터 사용자의 상태를 파악하여 건강 · 의료 · 간호 등에 활용할 수 있습니다.

정신 건강 관리에 가장 직접적으로 마케팅 AI를 활용할 수 있습니다. 많은 기업이 정신 건강 관리 방침을 만들고 있지만, 실시간으로 이루어지지 않을 뿐만 아니라 직원 스스로가 자각하지 못하는 무의식적인 스트레스까지 식별하기는 쉽지 않습니다. 그래서 행동 데이터로부터 심리 상태를 파악할 수 있는 마케팅 AI를 활용하여 '스트레스를 느끼고 있다'고 여겨지는 직원의 행동 패턴을 학습하고 비슷한 행동을 하는 직원을 대상으로 검진을 시행할 수 있습니다.

또, 다른 질병의 경우 장기에 대한 이미지 인식을 통해 질병을 특정하는 기술이 개발되어 실용화되고 있습니다. 여기에도 행동 패턴을 학습한 AI를 함께 활용하면 더욱 효과가 좋습니다. 예를 들어 암의 경우 선천성 유전적 요인과 후천성 환경적 요인(위험 인자)이 있다고 알려졌지만, 시간적으로나 경제적으로도 정밀 검사를 통해 환경 요인에 의한 발병 원인을 추적하기는 어렵습니다. 마케팅 AI가 학습한 행동 특성과 위험 요인을 결합하면, 저렴하게 실시간으로 모니터링이 가능해져 예방을 도울 수 있습니다.

□ **자료 1-2-6 행동 패턴을 정신 건강 관리 및 그 외 질환에 활용**

사람 행동으로부터 마음을 파악 → 정신 건강 관리

병에 걸리기 쉬운 행동 패턴을 파악 → 그 외 질환

향후 노년 인구의 증가로 인해 병원에서 모든 관리를 하기는 어려울 것이라 예측됩니다. 그래서 병원뿐만 아니라 가정, 생활지원센터, 요양센터 등 환자와 관련된 모든 사람을 동원하는 '지역 포괄 케어'를 추진하고 있습니다. AI의 행동 패턴 인식 기술은 병원의 물리적 시간 투입이 줄어든 상황에서도 환자의 상황을 면밀히 파악하는 데 중요한 역할을 하리라 예상됩니다.

☐ **자료 1-2-7 지역 포괄 케어를 지원하는 마케팅 AI**

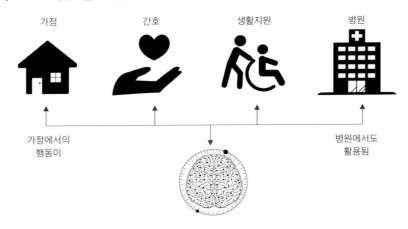

가정   간호   생활지원   병원

가정에서의
행동이

병원에서도
활용됨

▎금융(핀테크)

금융 분야에서는 마케팅 AI의 개인의 특성을 인식할 수 있는 능력을 활용하여, 평소의 행동 데이터로부터 고객의 신용 등급을 확인하는데 직접적으로 활용할 수 있습니다. 상환 능력이 신용 등급 예측 조건일 경우, 여신 참고 정보라고도 볼 수 있습니다. 대출뿐만 아니라 보험의 경우, 사고를 당할 확률 예측의 정확도 개선에도 활용할 수 있습니다. 또한 이직률의 사전 예측 등에도 비슷한 기술이 활용 가능합니다.

□ 자료 1-2-8 고객 신용 등급을 마케팅 AI가 판단하여 대출 · 보험 · 채용에 활용

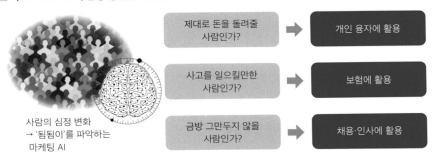

이외에도 특정 기업의 IR 정보를 보고 있는 사람이 그 외 어떤 정보에 접속하는 지를 분석하면 주가를 예측하는 데에 유용합니다. 대대로 기술적인 주가 예측에 는 주가 변동의 시계열 분석이 주로 사용되었습니다.

□ 자료 1-2-9 한 사람 한 사람의 생각을 모아 주가 예측에 활용

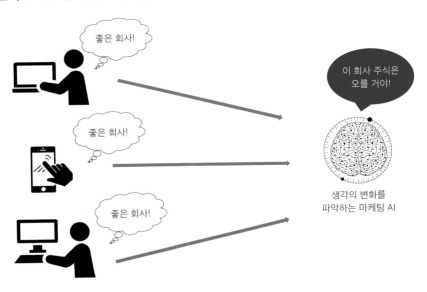

반면 기업에 관련된 정보뿐만 아니라 그 기업을 보는 사람의 마음의 움직임을 파악하면 주가의 정확도 개선이 가능하리라 생각합니다.

그 외의 영역에서의 마케팅 AI

앞 장에서는 마케팅 AI가 직접 힘을 발휘할 수 있는 영역에 대해 이야기해 보았습니다. 그 영역들이 AI 활용의 관심 영역이기는 하나, 마케팅 AI는 그 외의 활용이 요원해 보이는 영역에서도 유용합니다.

▌농업

농업 분야에 있어 본질적인 AI 활용 포인트는 토양과 기후 등의 환경이 농작물을 키우는 데 어떠한 영향을 주는지를 예측하거나, 분류 작업의 자동화와 같은 운영 등이 주요 영역이기 때문에 마케팅 AI가 직접적이고 커다란 역할을 하는 것은 아닙니다. 그러나 마케팅 AI가 소비 트렌드를 학습하여 어떤 작물을 얼마나 생산해야 효율을 가장 높일 수 있는지, 혹은 맛에 대한 트렌드를 고려하여 어떻게 당도를 조절해야 가장 많이 팔릴 것인지를 학습해나가면 장기적으로는 유효할 거라 생각합니다. 이것이 바로 마케팅입니다.

▌자율 주행 자동차

AI가 주행 자동화에서 제어라는 중추적 역할을 담당하고 있지만, 마케팅 AI는 크게 활용되지 않고 있습니다. 그러나 자동차의 주행 경로, 주행이 자동화된 이동 공간에 마케팅 AI가 활용될 여지가 있습니다. 주행 경로 정보는 관광 산업 분야의 마케팅 AI와 유사한 활용이 가능하리라 생각합니다. 목적지로 향하는 중에 취향에 맞는 레스토랑 근처를 지나거나, 영유아 동반 시 수유 가능한 장소를 표시하는 등 만족도 높은 경로의 제공이 가능합니다.

또한 운전이라는 행위에서 해방된 자동차 안은 엔터테인먼트 공간입니다. 평상시 행동 데이터와 목적지 정보로부터 그날의 기분에 맞춘 음악과 영화를 틀고, 목적지까지의 여정을 만끽하는 방법을 안내할 수도 있습니다.

█ 스마트 하우스 · 스마트 커뮤니티 · 에너지

스마트 하우스 · 스마트 커뮤니티 · 에너지 분야에서 AI는 장치의 제어에 주로 활용됩니다. 행동 패턴을 분석하여 냉방을 약하게 하는 등에 활용되므로 여기에 마케팅 AI를 응용하는 것은 어려울지도 모릅니다. 하지만 전기 사용량을 바탕으로 누가 지금 거실에서 TV를 보고 있는지 등을 확인한 후, 다음날 그 사람이 일어나자마자 커피 머신을 켜는 습관을 가졌다는 것을 파악하는 등 행동 데이터를 수집하여 활용할 수 있습니다. 이처럼 에너지 사용량 등의 데이터에 AI를 도입하여 마케팅의 정확도를 높이고, 그 데이터 제공 비용을 제품의 공급 업체로부터 얻는 것과 같은 새로운 비즈니스가 태어날 가능성이 있습니다.

□ 자료 1-2-10 가정 내 데이터를 마케팅 AI에 반영

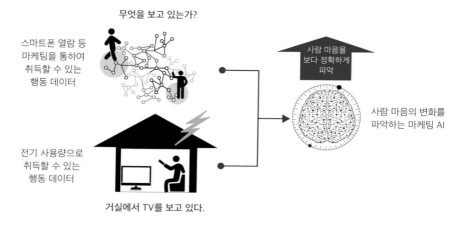

마케팅 AI의 개발을 위하여

이번 장에서는 마케팅 AI가 어떻게 많은 산업 영역에 활용 가능한지에 대하여 이야기해 보았습니다. 그렇다면 어떤 수준의 AI를 만들면 좋을까요?

마케팅을 위해 행동 데이터를 학습시킨다고 해도, 광고를 통해 제품의 존재를 사람들에게 알릴 때와 실제로 제품 구매를 유도하기 위해 찬찬히 제품에 대해 설명을 할 때는 다뤄야 할 특징이 다릅니다. 특징만 다를 경우 딥러닝으로 중요한 특징을 자동으로 추출할 수 있지만, 애초에 이 특징들이 다른 데이터베이스에 저장되어있는 경우에는 인간이 각 상황에 걸맞게 어떤 데이터를 딥러닝에 학습시킬 것인가 지시하는 것이 중요합니다. 또한 딥러닝이 특징을 파악하기 위한 충분한 양의 데이터를 얻을 수 없는 경우, 전문가의 경험을 가미한 후에 학습을 시킬 필요가 있습니다. 딥러닝에 의한 마케팅 AI 구축의 길은 분명 짧아졌지만, 그 길 위에서 해결해야 하는 과제들은 하나하나 꼼꼼히 풀어나가야 합니다.

1-3 빅데이터로 학습하는 AI

마케팅에 AI를 활용하려면 알고리즘뿐만 아니라 어떤 데이터를 학습시키느냐가 매우 중요
합니다. 이때 취급하는 데이터는 고전적으로 통계에서 사용되는 미리 정리된 데이터가 아니
라 시시각각 축적되는 '빅데이터'가 기본입니다. 이번 장에서는 먼저 일반적인 빅데이터의
특징을 설명한 후, 실제로 마케팅에 이용되는 빅데이터에 대해 이야기해 보려 합니다.

빅데이터란?

'빅데이터'를 문자 그대로 직역하면 '큰 데이터'입니다. 도대체 무엇이 큰 것일까
요? 통용되는 정의는 없지만, 미국의 리서치 회사 가트너의 정의를 빌리자면, 빅
데이터는 다음 3개의 'V'가 커야 한다고 합니다.

첫 번째 V는 Volume(용량)'입니다. 빅데이터라는 단어를 처음 들었을 때 가장
먼저 떠오르는 단어가 아닐까 싶습니다. 예를 들어 Web 미디어 중 한 달에 1억
회 이상 조회되는 페이지가 다수 있다면, 그 데이터를 묶은 'DMP(Data Management
Platform)'는 한 달에 1,000억 회 이상의 검색 기록이 축적될 수도 있습니다. 이런
데이터를 바로 Volume이 큰 데이터라고 부릅니다. Volume이 크면 AI가 일부 데이
터의 특징만을 학습하여 극단적인 판단을 하는 (이를 '지나친 학습'이라고 함) 것을 방지
할 수 있을 뿐만 아니라 AI에 의한 판단의 범용성을 높일 수 있습니다.

두 번째 V는 Variety(다양성)'입니다. 예를 들어, 아무리 데이터의 양이 많더라도
모든 데이터가 인터넷상의 특정 카테고리에 속한 미디어의 행동 데이터인 경우,
특정한 요구 분석에는 적합할지 모르지만 다양한 측면에서 사용자의 심리를 파악

하는 것은 어렵습니다. 마케팅 AI를 구축하는 데 있어 다양성이 있는 데이터에 대한 접근성은 매우 중요하며, 분류별 특성 파악이 이루어져야만 합니다. 이에 대해서는 다음 장에서 설명하고자 합니다.

세 번째 V는 'Velocity(반영 속도)'입니다. 만약 다양성이 풍부한 대용량의 데이터가 있다고 해도, 데이터를 습득한 시점에서 1년이 지났다면 이 데이터는 실제 마케팅에 활용할 수 없습니다. 실시간에 가까운 속도로 데이터를 수집하지 않으면 빅데이터라고 할 수 없습니다.

마케팅에 활용되는 빅데이터의 분류

다음으로 마케팅에서 사용하는 데이터의 분류에 관해 설명하도록 하겠습니다. 이어지는 절들에서 개별 용도에 따라 어떤 데이터를 어떻게 사용하는지에 대해 자세히 설명해나갈 예정이므로, 먼저 데이터에 대한 개요를 알아봅시다. Variety (다양성)를 중심으로 각 분류 데이터가 어떻게 사용되는지를 설명하고, 덧붙여 Volume(용량) 및 Velocity(반영 속도)가 보장되어 있는지를 필요에 따라 보충 설명하겠습니다.

▌모든 데이터는 고객의 심리를 알기 위함이다

마케팅에 활용되는 데이터는 '고객과 연동된 데이터'와 '트렌드를 나타내는 데이터'가 있습니다.

고객과 연동된 데이터의 분류로 데모그래픽 데이터(성별·연령·소득 등의 인구 통계학적 데이터), 사이코그래픽 데이터(스포츠를 좋아하는 등의 기호성), 지오그래픽 데이터(지리적 요인), 테크노그래픽 데이터(iPhone을 Wi-Fi로 사용하는 등의 기술적 데이터), 행동 데이터 등이 있습니다. 트렌드를 나타내는 데이터로는 뉴스가 만드는 분위기와 그 영향을 받은 주식·GDP 등의 경제 정보, 그리고 날씨 기온 등 자연적인 요인이 있습니다.

이때 주의할 점은 마케팅의 모든 데이터가 '고객의 심리를 알기' 위해 사용된다는 것입니다. 우리가 해야 하는 일은 '30대 남성의 중고 소득자에게 골프 클럽을 추천하는' 것이 아닌 '골프 클럽을 사고 싶은 사람에게 추천하는' 것이며, 이를 예측하기 위해 다양한 데이터를 사용한다는 점입니다. 이번 장에서는 각 데이터가 고객의 심리를 어떻게 반영하는지, 또한 AI에 어떻게 학습시키는지에 대한 설명을 하고자 합니다.

▌데모그래픽·지오그래픽·테크노그래픽 데이터

마케팅에 데이터를 활용할 때 가장 많이 사용되는 것이 '데모그래픽 데이터'와 '지오그래픽 데이터'입니다. 사회학 분야에서 이 데이터에 관한 다양한 연구가 이루어지고 있습니다. 이처럼 보편적 지식을 쌓는 연구는 매우 중요하지만, 실제 마케팅 현장에서는 연구 결과로 설명할 수 없는 부분들이 많습니다. 예를 들어 '여성은 예능보다 드라마를 좋아한다'는 법칙은 나름대로 일리가 있어 보이지만, 어떤 예능에 지금 가장 인기 있는 배우가 출연할 경우 그 프로그램에 한해서 드라마보다 선호한다는 것 역시 설득력이 있습니다.

마케팅 현장에서는 위와 같이 법칙에 맞지 않는 현상을 예측해야만 합니다. 따라서 데이터 하나하나의 보편적 의미를 따지지 않고 'A 씨 : 남성, 20대, 금천구 거주, 모 방송 프로그램 시청 경험 있음', 'B 씨 : 여성, 30대, 강서구 거주, 모 방송 프로그램 시청 경험 없음'과 같이 데이터를 저장하고 각 속성에 어떤 경향이 있는지를 AI가 학습하게 합니다. 테크노그래픽 데이터는 데이터를 스마트 폰 혹은 컴퓨터를 사용해 이동 중에 슬쩍 보고 있었는지, 아니면 차분하게 보았는지 등을 나타내지만, 그 자체만으로 보편적인 기호성과 연관 지을 수는 없습니다. 데이터의 처리 방법이라는 점에서 테크노그래픽 데이터 역시 같은 방식으로 활용됩니다. 앞서 고객 데이터에 'A 씨 : 남성, 20대, 금천구 거주, 모 방송 프로그램 시청 경험 있음'과 같은 정보를 추가할 뿐입니다. 성별·연령·거주지, 그리고 데이터를 차분히 보고 있었는지 여부 등 기호성을 반영하고 있다는 사실만을 인식하고, 그 경향은 데이터로부터 학습합니다.

▌ 사이코그래픽 데이터와 행동 데이터

사이코그래픽 데이터는 많은 마케팅 서적에 그 중요성이 기술되어 있는, 의심의 여지가 없는 중요 데이터입니다. '이 사람은 골프 클럽 구입을 원하는 상태이다'라는 것을 알고 있으면 골프 클럽을 구매하도록 권하는 것이 답입니다. 그러나 사이코그래픽 데이터로부터 유추할 수 있는 정보는 'A 씨 : 영화를 좋아함, 독서를 좋아함', 'B 씨 : 가전을 좋아함, 요리를 좋아함' 정도의 수준으로, 그대로 믿고 플래닝에 반영하기에는 정보가 터무니없이 부족합니다.

사이코그래픽 데이터 수집에는 두 가지 방법이 있습니다. 하나는 회원 가입 시 '당신이 관심 있는 장르는 무엇입니까?'와 같이 직접적으로 질문하는 방법입니다. 여기서 얻은 데이터는 스스로 답한 선택이지만 신뢰도는 떨어질 수 있습니다. 다른 방법은 행동 데이터를 기반으로 '영화 관련 사이트를 3번 보았으므로 영화를 좋아한다'라는 데이터 홀더의 규칙에 따라 수집하는 것입니다. 이러한 데이터는 규칙이 명시되어 있지 않은 경우도 많아서 판단의 자료로는 불충분하다고 생각하기 쉽습니다. 오히려 일상의 행동 데이터(로우 데이터)를 수집하여 그것을 AI가 효율적으로 학습할 수 있도록 하는 것이 중요합니다. 행동 데이터를 어떻게 AI에 적용할지는 Chapter 2에서 자세히 설명할 예정입니다. 여기에서는 행동 데이터의 분류를 상세히 설명하고자 합니다.

실제 사용자의 행동 데이터와 패널 사용자의 행동 데이터

행동 데이터에는 데이터가 수집되고 있다는 사실을 인식하지 못한 상태로 일상적인 활동을 기록한 '실제 사용자의 행동 데이터'와 사용자가 데이터 제공에 의식적으로 협력하고 있는 '패널 사용자 행동 데이터'가 있습니다. 패널 사용자란 대상을 고정하여 지속해서 실시하는 '패널 조사'의 대상자를 가리킵니다.

실제 사용자의 행동 데이터를 통해 모든 행동을 추적할 수 있다면 패널 사용자 행동 데이터는 필요하지 않습니다. 그러나 실제 사용자는 데이터 제공을 목적으로 하고 있지 않기 때문에, 휴대폰·컴퓨터·매장 회원 카드에 다른 ID를 사용하는 등, 행동을 추적하기 어려운 경우가 많습니다. 패널 데이터는 그러한 데이터의 결손을 방지할 수 있도록 최대한 협력하기 때문에 1명의 사용자를 통해서도 행동 분석이 가능해집니다.

하지만 패널 사용자는 애초에 패널로 기용되었다는 우려가 있습니다. 1명의 사용자를 대상으로 상세한 정보를 얻을 수 있었다고 해도, 어디까지나 '패널 등록을 통해 보상을 받을 사람'의 행동 패턴임을 인식하고 마케팅할 상품의 고객층과 정보가 일치하는지 검토해야 합니다.

콘텐츠 접속, 검색, SNS 발신, 구매 행동 데이터

행동 데이터는 그 행동의 무게에 의해 분류됩니다. 예를 들어 'A 씨 : 카메라'라는 라벨이 붙어 있다고 해도, 그것이 우연히 카메라 콘텐츠를 본 것인지 자발적으로 알아보고 있었는지, 카메라에 대해 SNS상에서 언급하고 있는지, 그리고 실제로 구매했는지 여부에 따라 의미가 달라집니다. 상품은 여러 번 검색해도 구매는 한번밖에 하지 않거나, 구매 전 탐색을 위한 검색은 하지 않지만 자주 구입하는 경우 등에 대하여 각각을 식별할 수 있는 형태로 AI를 학습시킬 필요가 있습니다. 자세한 내용은 3-4장 '구매하게 하기(143p)' 위한 AI 활용에서 설명합니다.

▎ 온라인 구매 행동 데이터와 오프라인 구매 행동 데이터

온라인 매장과 오프라인 매장이라는 차이로도 구매 행동 데이터를 나눌 수 있습니다. 디지털 구매는 데이터를 취득하기는 쉽지만, 실제 소비의 10% 정도밖에 커버하지 못합니다. 온라인으로 물을 살 때는 보관용으로 한 번에 모아서 구매하지만 매장에서는 목이 마를 때 1병의 물을 사는 것입니다. 같은 제품이지만 심리적으로 전혀 다른 상태에서 구매하는 것임을 인지할 필요가 있습니다.

▎ 콘텐츠 데이터

앞서 사용자가 제품이나 기사 등 어떤 콘텐츠를 접하고 있을 시의 행동 데이터에 대해 이야기했습니다. 이처럼 콘텐츠는 텍스트만 있을 수도 있고, 이미지를 포함하고 있거나 뷰(View) 수 등의 정량적인 정보가 확인 가능한 경우도 있습니다. 또한 콘텐츠의 정보가 충분하지 않을 때는 다른 데이터 소스를 기준으로 콘텐츠가 가진 정보를 보강해야 합니다.

현재의 마케팅에서는 텍스트 정보로부터 어떻게 콘텐츠에 의미 있는 정보를 부여하느냐가 중요합니다. 이 내용 역시 Chapter 2에서 자세히 다룰 예정입니다.

▎ 설문 데이터

지금까지 행동 데이터가 심리를 반영한다는 전제하에 설명을 했습니다. 전자동화된 마케팅을 실시하는데 있어서 역시 동일한 접근이 가능하지만, 사람이 데이터를 이용해 창조적인 활용을 하려면 사람이 이해하기 쉬운 형태로 데이터의 형태를 바꿀 필요가 있습니다. 이런 경우에는 설문 조사를 활용합니다.

모든 사용자를 대상으로 설문 조사를 실시할 필요는 없습니다. 온라인 설문 조사를 통한 결과와 행동 데이터를 결합하여 도출된 행동 패턴의 유사성으로부터 설문 조사에 대답하지 않은 사용자의 결과도 예측할 수 있습니다.

▎트랜드를 나타내는 거시적 데이터

여기까지 사용자와 연관 있는 데이터에 관해 설명했지만, 사용자와 관계없이 트랜드를 나타내는 거시적 데이터도 있습니다. 닛케이 평균 주가처럼 수치화된 데이터와 맑음 · 흐림 · 비와 같이 적은 수의 값밖에 취할 수 없는 데이터의 경우 다루기 쉽습니다. 특별히 가공하지 않고도 AI에 입력하여 학습시킬 수 있습니다.

한편, 세간의 분위기를 나타내는 데이터는 뉴스나 SNS와 같이 문서화된 것이 많습니다. 세간의 분위기를 나타내는 데이터도 뉴스나 자사 미디어와 같은 보도 기관이나 기업이 무엇을 발신하고 있는지, 그리고 사용자의 콘텐츠 열람·검색 · SNS 발신 · 구매 등이 거시적인 관점에서 어떻게 변하는지로 나누어 생각해 보아야 합니다.

자료 1-3-1은 마케팅에 활용되는 데이터를 나타낸 전체 그림입니다. 다음 장부터는 어떤 데이터에 어떤 AI를 적용하는지 구체적으로 살펴보겠습니다.

□ **자료 1-3-1 마케팅에 활용되는 데이터의 개요**

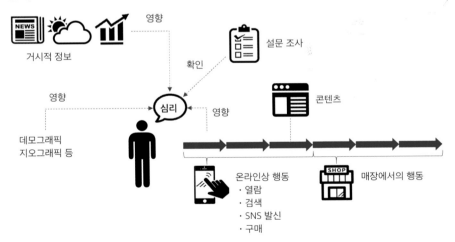

CHAPTER

2

AI 마케팅의
기초지식

2-1 가시화된 수요에 부응하기 위한 프로세스의 개요

Chapter 1에서는 왜 AI가 중요한지, 또 어떤 업무에 응용되고 있는지를 설명했습니다. Chapter 2에서는 드디어 마케팅에 활용하는 이야기가 시작됩니다. 마케팅은 간단히 말하면 고객의 수요에 부응하는 것입니다. 수요에는 크게 두 가지 종류가 있습니다. 하나는 이미 표면으로 드러난 가시화된 수요, 다른 하나는 아직 드러나지 않은 잠재적인 수요입니다.

가시화되어 있는 수요와 새로운 수요 창출의 차이

먼저 '가시화되어 있는 수요'와 '잠재적 수요'는 어떻게 다를까요? 가시화되어 있는 수요란 'AAA라는 상품을 BBB라는 이유로 가지고 싶다'와 같이 상품을 원하는 욕구와 그 이유의 관계성이 일반적으로 알려져 있는 수요입니다. AAA와 BBB의 예로는 'A: 콜라겐이 들어간 식품은, B: 피부에 좋다'가 있습니다.

☐ 자료 2-1-1 가시화된 수요

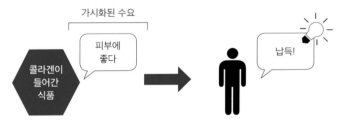

AAA와 BBB의 관계를 모르는 사람에게는 광고 등의 방식으로 알립니다. 한편, AAA와 BBB가 정말 관계가 있는지 의심하고 있는 사람의 경우는 웹사이트 혹은

매장에서의 설명을 통해 제대로 이해할 수 있도록 돕습니다. 고객이 그 이유를 납득하면 그 자리에서 구매로 이어질지도 모릅니다.

그렇다면 잠재적인 수요를 만들어 낸다는 것은 어떤 것일까요? 'AAA라는 상품을 BBB라는 이유로 가지고 싶다' 라는 것이 일반적으로 널리 알려지지 않은 것을 말합니다. 위의 콜라겐에 관한 예시는 남성들도 어디선가 들어본 적이 있는 '이미 존재하는 수요'라고 해도 무방할 것입니다. 한편 '스포츠음료는 겨울에 마시는 것이 좋다'는 어떨까요? '가만히 있어도 추운데 차가운 스포츠음료를 마시면 더 추워지는 거 아냐?'라고 생각할지도 모릅니다.

그렇다면, "여러분, 건조한 겨울 날씨가 계속되고 있네요. 오늘도 건조주의보가 내렸습니다. 공기가 건조하면 피부도 건조해집니다. 그럴 때는 수분을 효율적으로 섭취할 수 있는 스포츠음료가 제일 좋습니다."라고 하면 어떨까요? '스포츠음료는 겨울에 마시는 것이 좋다'라는 이야기에도 납득할 수 있을 것입니다. 이처럼 AAA를 BBB와 연결하기 위하여 CCC를 제안하는 것이 '새로운 수요를 만든다'는 것입니다. 이에 관해서는 Chapter 3에서 자세히 설명하도록 하겠습니다.

☐ 자료 2-1-2 잠재적 수요에 표현을 더함으로써 가시화하기

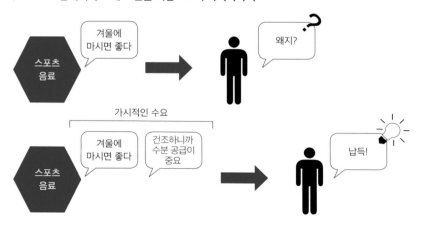

가시화되어 있는 수요에 부응하기 위한 일반적인 흐름

먼저 자세한 설명 이전에 개요를 잡아보도록 하죠.

가시화된 수요에 부응할 때도, 새로운 수요를 만들어 낼 때도, 광고나 웹사이트, 점포 등의 접점에는 큰 차이가 없습니다. 가장 커다란 차이는 '메시지(전할 내용)'를 생각할 때의 프로세스입니다. 생각의 큰 틀은 '파악→분석→계획→실행→검증'입니다. 흔히 말하는 PDCA 사이클과 비슷한 방식이지만, 마케팅 오퍼레이션 실무에 맞추기 위해 이처럼 구분하고 있습니다.

이 흐름은 건강해지는(유지하는) 과정에 비유하면 이해하기 쉽습니다. 건강해지기 위해서는 먼저 건강 진단을 받아서 현재의 건강 상황을 파악합니다. 이때는 어떤 특정 문제를 해결하는 것을 목적으로 진단을 받는 것이 아니라, 어디에 문제가 있는지를 찾기 위한 것입니다. '파악'의 단계에서는 신장보다 체중이 무겁다, 즉 비만의 가능성이 있다는 것을 찾아낼 수 있는 것으로 충분합니다. 다음으로 문제가 파악되었다면 '분석'을 하여 그 문제가 일어난 원인을 찾습니다. 체중이 무겁다 뿐만 아니라, 피하 지방과 내장 지방 중 어느 쪽이 많은지 등 구체적으로 대처해야하는 요소를 식별합니다. 다음으로 '계획' 단계에서는 분석에 의해 확인된 '대처해야 하는 것들'에 대한 대응책을 강구합니다. 내장 지방이 많은 경우는 단순히 과식이 아닌 운동 부족이 원인일 가능성이 높기 때문에 식사 제한 이외에도 일정량의 산책을 넣는 등의 방식입니다. 그리고 계획에 따라 '실행'합니다. 실행할 뿐만 아니라 제대로 효과가 있었는지 '검증'도 해야 합니다. 체중과 같은 눈에 보이는 지표뿐만 아니라 그 원인인 내장 지방의 양이 감소하고 있는지 확인합니다.

그렇다면 건강 진단의 파악에서 검증까지 이르는 과정이 실제 마케팅에서는 어떻게 이루어지는지 자세하게 설명해보겠습니다.

▎파악

'파악' 과정에서 어디에 문제가 있는지 확인합니다. 여기서 말하는 '어디'는 사용자의 '구매 퍼널 계층'을 가리킵니다. 구매 퍼널은 사용자가 제품에 관심을 갖고 알아보고, 구매하고, 팬이 되기까지의 과정을 나타냅니다. 퍼널은 깔때기와 같아서 아래로 갈수록 좁아지는 역삼각뿔 모양을 하고 있습니다. 계층이 깊어질수록 그 수가 줄어드는 것입니다.

□ **자료 2-1-3 구매 퍼널**

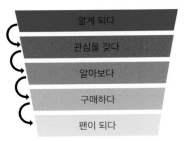

위의 자료에서 알 수 있듯 각 단계에서 파악해야 하는 것은 아래 세 가지입니다.

- 각 단계에 얼마나 많은 사람이 있나?
- 어느 정도의 비율의 사용자가 얼마나 빠른 속도로 다음 단계로 옮겨가는가?
- 각각의 단계에 어느 정도의 금액을 투자하고 있는가?

각 단계에 있는 사람 수를 파악할 수 있다면, 다음 단계로 전환될 확률도 알 수 있습니다. 각 단계에 있는 사람 수는 '알게 된 단계'의 경우 광고 솔루션으로, '조사하는 단계'의 경우 SEO 툴 등 각 마케팅 솔루션에 값을 결합하여 확인할 수 있습니다. 어떤 단계에 어떤 솔루션을 살펴봐야 하는지는 자료 2-1-4에서 확인하세요.

'어느 정도 속도로 다음 단계로 나아갈 것인가?'에 대해서는 개별 사용자마다 분석을 할 필요가 있기 때문에 각 사용자의 행동 데이터를 불러옵니다.

다음 단계로 한 사람이라도 더 많이 더 빠르게 전환될 뿐만 아니라 마케팅 비용도 들지 않는다면 계획이 제대로 기능하고 있다고 볼 수 있습니다. 반대로, 다음 단계로 전환되는 사람의 숫자가 적고 느릴 뿐 아니라 비용만 드는 경우, 계획이 잘 작동하지 않는다는 뜻이므로 원인을 찾아야 하는 분석의 대상이 됩니다.

여기까지의 과정은 특별히 AI를 사용하지 않고 다른 마케팅 도구로 확인 가능한 수치의 단순 집계만 활용해도 가능합니다.

□ 자료 2-1-4 단계와 솔루션

단계	솔루션
알게 된다	매스 광고, 보도 자료, 네트워크 광고, PR
관심을 가지다	콘텐츠 마케팅 (Owned 미디어, 블로그 등)
조사하다	SEO
구매하다	LPO, 제휴 광고
팬이 되다	DM, 매거진, SNS, 챗봇

분석

문제가 파악되었다면 그 요인을 분석해야 합니다. 가시화되어 있는 수요에 부응하는 것은 '사용자가 원하는 것을 충족시키는 것' 입니다. 이때의 문제는 '사용자가 원하는 것이 충족되고 있지 않다'가 됩니다. 따라서 분석 단계에서 해야 할 일은 어떤 사용자의 기대에 부응하지 않았는지를 확인하는 작업입니다.

하지만 각 사용자의 특성에는 차이가 있고, 관심사도 다르기 때문에, 관심사가 비슷한 집단을 묶어서 그룹화해야 할 필요가 있습니다. 사용자의 관심사를 파악하기 위해서는 직접 사용자들에게 묻거나, 사용자의 행동으로부터 추측하는 등의 방법이 있습니다. 전자의 방법은 마케터가 해석할 수 있는 정보를 물을 수 있지만, 모든 사용자를 포괄하는 질문을 찾기 어려울 뿐만 아니라, 질문하는 마케터가 예상하지 못한 사용자의 관심사는 알아내기 어렵다는 단점이 있습니다. 후자의 방법은 미가공 데이터의 형태로 출력되기 때문에 해석이 어렵지만, 데이터 취득이 쉽고 마케터에게 인사이트를 줄 수 있다는 장점이 있습니다.

가장 자주 이용되는 방법은 사용자에 대한 질문 결과와 행동 데이터의 관련성을 찾아내어 질문에 답하지 않은 사용자에 대해서도 질문의 답을 추측하여 부여하는 것입니다. 게다가 행동 데이터에서 사용자의 접촉 콘텐츠에 포함되는 키워드 등을 통해 질문에서는 얻지 못한 사용자의 흥미를 추측하고 부여할 수도 있습니다. 사용자에게 직접 설문 조사를 할 경우에는 다음 절에서 설명할 예정인, 행동 데이터에서 고객이 구매에 이르기까지의 고객 여정(Customer journey)을 학습하는 AI를 활용할 수 있습니다. 단순히 사용자가 접하고 있는 키워드만으로 사용자의 관심사를 추정한다면, 각 키워드 간의 관계성과 콘텐츠를 접한 순서가 갖는 심경 변화의 의미를 제대로 파악할 수 없으므로 정확도 높은 결과를 얻을 수 없습니다.

□ 자료 2-1-5 설문 조사 데이터의 확장 및 새로운 관심사 부여

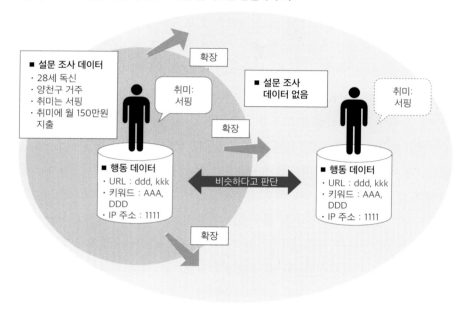

이제 사용자의 관심사는 파악이 된 상태입니다. 하지만 이대로라면 정보량이 지나치게 방대하기 때문에 어떻게 계획해야 좋을지 판단하기 어렵기 때문에 사용자를 큰 그룹으로 나누어서 분류해야 합니다. 사용자의 관심사가 유사할 경우 자동으로 분류할 수 있습니다. 최신 기술을 활용하면 사용자에 대한 고정적 정보인 관심사뿐만 아니라, 그 관심이 어떻게 전환될지까지 가미하여 사용자를 분류할 수 있습니다.

□ 자료 2-1-6 일반적인 분류와 고객 여정의 분류

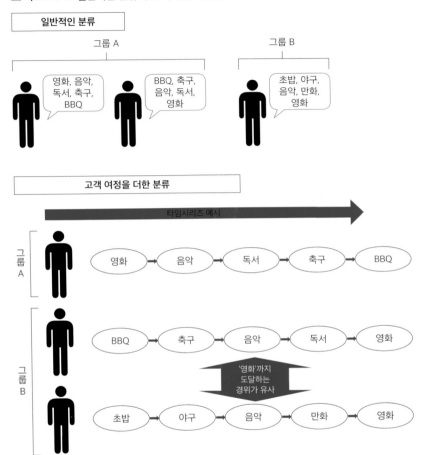

이에 따라 각 퍼널에서 다음 단계로의 전환이 적고, 느린 그룹을 도출합니다.

계획

　계획 단계에서는 분석 결과를 토대로 관심을 갖지 않은 사용자를 대상으로 무엇을 어떻게 전할 것인지 계획합니다. '무엇을' 전할지는 가격이나 안전성 등 사용자에게 가장 전하고 싶은 정보입니다. 가격이 저렴하다는 것만 전달해도 구매가 이뤄진다면 먼저 가격이 저렴하다는 것을 전달하고, 더불어 안전성도 높다는 사실을 추가한 후, 구매 후의 애프터 서비스도 확실히 한다고 쐐기를 박는 등의 일련의 흐름을 설계할 수 있습니다. 또한 똑같이 안전성을 전달할 경우에도 표현 방법을 대상 사용자에 맞추어 고려해야 합니다. 제품에 사용된 재료를 표시하는 방법도 있고, 대학교수의 인증 등을 첨부하는 방법도 있습니다. 이처럼 무엇을 전할지 계획하는 것을 '메시지 믹스' 혹은 '시나리오 설계' 라고 부릅니다.

　다음 계층으로 넘어간 사람에게는 전달되었지만, 넘어가지 않은 사람에게는 전달되지 않은 정보가 무엇인지 조사하여 인사이트를 얻을 수도 있습니다. 예를 들어봅시다. 여행에 대해 조사하던 사람이 온천에 관한 정보를 접한 뒤 다이어트 식품을 쉽게 구매한다는 통계가 나왔습니다. 이것은 예를 들어 '온천욕 → 타인 앞에서 옷을 벗는다 → 마른 몸이 되고 싶다는 잠재의식이 있다'고 추측할 수 있습니다. 온천과 유사한 사우나를 키워드로 하여 다음 단계로 전환을 유도할 수도 있지만, 사우나라는 키워드가 온천보다 낮은 빈도로 나타난다면 통계 수치만으로는 사우나가 단계 전환에 기여하고 있는지를 알아내기 어렵습니다. 그렇다고 온천, 사우나, 암반욕 등 모든 온천 관련한 키워드를 사람이 직접 관련 키워드로 사전에 등록하는 것 역시 현실적이지 않습니다. 이러한 상황에 AI를 활용하면 같은 문장에 많이 포함되어있는 확률 등으로 단어의 관련성을 자동으로 추출하고 그룹화하여 보다 섬세한 정보를 모아 다양한 상황에서 활용할 수 있습니다. 또한 무엇을 전달할지 결정하면 광고 문구나 배너를 자동으로 생성하는 등의 최신 AI의 실용화가 현실로 다가오고 있습니다.

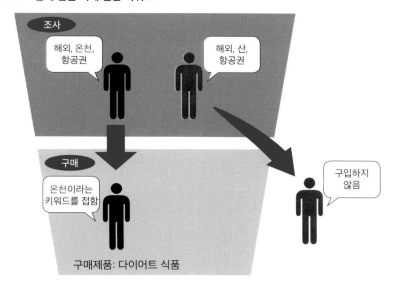

또 한 가지 계획 단계에서 해야 할 일은 '어디서' 메시지를 전달할지 결정하는 것입니다. 이때 중요하게 생각해야 하는 것이 바로 '메시지를 전달받을 사람들이 어디에 많은가', '그곳에서 얼마나 저렴한 비용으로 접근할 수 있는가?'라는 것입니다. 광고는 어떤 미디어에 얼마나 노출할 것인가 하는 문제입니다. 이때 대상이 되는 단계별로 사용할 솔루션이 달라집니다. 존재를 알리는 단계에서는 광고, 관심을 끌기 위해서는 콘텐츠 마케팅, 검색되기 위해서는 어떤 키워드가 노출이 많은지(SEO)를 고려하며, 구매를 유도하는 단계에는 웹사이트 및 매장을 개선하고, 팬으로 만들기 위해서는 이메일 등을 통한 지속적인 커뮤니케이션을 해야 합니다. 각 사용 솔루션의 노하우는 차차 자세히 설명하고자 합니다.

□ 자료 2-1-8 단계 전환율과 비용

		비용	
		크다	작다
다음 단계로의 전환율	높음	• 비용이 지나치게 많이 듦 → 페이지 및 광고 표현, 퍼널을 검토	◎
	낮음	• 일부에게만 효과가 있음 → 타기팅 검토 → 표현 검토	• 어느 정도 효과가 있음 → 예산을 늘려 본다

정보를 접했는지의 여부에 따른 다음 단계로의 전환율은 미리 계산이 가능하며, 컨택 포인트당 전환율과 사용자 수 역시 사전에 예측할 수 있습니다. 따라서 계획의 마지막 단계에 계획을 실행함으로써 어느 정도 전환율을 높일 수 있을지 목표 값을 추정할 수 있습니다.

▌실행

계획 단계까지 만들어 온 사용자 세그먼트를 대상으로 각 컨택 포인트에 최적화한 솔루션을 통해 메시지를 전달합니다. AI를 활용할 수 없는 경우, 한 번 메시지를 전달하면 검증이 이루어지기 전까지 같은 방법으로 계획을 실행하게 됩니다. 반면에 AI를 활용하면 사용자 세그먼트, 메시지 표현, 컨택 포인트별 전달률을 실시간으로 수정할 수 있습니다.

□ 자료 2-1-9 AI를 활용하여 실시간 방안 조정

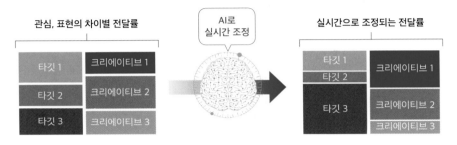

파악·분석·계획 단계에서는 AI가 마케터의 생각정리를 서포트하고, 실행 단계에서는 마케터가 만들어낸 방안을 가지고 인간이 파악할 수 없는 부분을 AI가 최적화하여 실행한다고 생각하면 될 것 같습니다.

▌ 검증

검증 단계에서는 우선 계획 시에 세운 전환수 증가 목표치가 각 방안을 통해 실현되었는지의 여부를 확인합니다. 검증 시 개선율뿐만 아니라 통계적으로 신뢰성이 담보되었는지를 고려하여 재현성도 함께 확인합니다.

또한 실행 단계에서 AI가 자동으로 최적화한 세그먼트와 메시지를 계획 단계와 비교하여 어떻게 변경이 되는지도 고려해야 합니다. 예를 들어 '온천'이라는 키워드는 30대 여성에게는 최적화되어 전달되고 있었지만 20대 여성에게는 노출되지 않았고, '온천' 대신 '바다'라는 키워드가 노출되도록 설정되어있었다고 해봅시다. 이를 통해 20대 여성의 경우 '온천'보다 '바다'라는 키워드가 다이어트를 의식하게 하는 효과가 있다는 것을 다음 계획에 반영할 수 있습니다.

2-2 분석 · 계획을 뒷받침하는 기반

이번 장에서는 분석과 계획에 활용할 수 있는 기술에 관해 설명하고자 합니다. 설명에 사용되는 수식이나 기술용어를 전부 이해할 필요는 없습니다. 어떤 식으로 AI가 활용되고 있는지를 파악해 둡시다.

분석 · 계획에 필요한 것

분석 · 계획 단계에서는 사용자의 관심사를 파악하는 것이 가장 중요합니다. 여러 상품군 중 특정 사용자의 관심사에 걸맞은 상품을 선택하는 일이라면 분석 결과가 컴퓨터 언어로 되어있어도 크게 문제가 되지 않을 것입니다. 그러나 실전 마케팅 현장에서는 분석 결과를 인간이 이해해야 그것을 바탕으로 마케팅 방안을 세울 수가 있습니다.

우선 사용자가 접한 정보를 '구조화'하는 것으로 시작합니다. 여기서 말하는 구조화란 '사용자가 http://www.xxx.yyy.com/이라는 정보를 접했다'는 사실만을 기록한 정보를 '사용자가 여성 전용 포털 사이트에서 오므라이스 요리법 정보에 접촉했다'와 같은 구체적인 정보로 변환하는 것입니다.

다음으로 개별 사용자의 정보 접속 패턴을 요약합니다. 다른 말로 '사용자의 여정을 구축한다'라고 합니다. 이 요약된 행동 패턴을 기반으로 어떤 사용자 그룹이 존재하는지 한 눈에 알 수 있으므로 마케팅 방안의 설계가 용이해집니다. 마지막으로 목적에 따라 사용자를 분류합니다. 예를 들어 상품을 쉽게 구매하는 사람과 그렇지 않은 사람을 나누는 등의 구분이 가능합니다.

☐ 자료 2-2-1 정보의 구조화

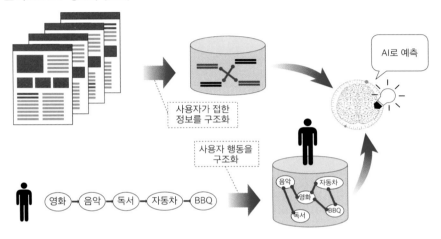

사용자가 접한 정보를 구조화하기

사용자가 접하는 정보에는 다양한 종류가 있습니다. 정보의 취득은 쉬우나, 많은 정보가 미가공 데이터인 채로 저장되어 제대로 활용되고 있지 않은 것이 현실입니다.

우선 사용자가 접한 정보를 '거시 정보'와 '미시 정보'로 분류합니다. 미시 정보란 특정 매장에서 특정 ID를 가진 고객의 구매 내역과 더불어 그 고객이 접한 정보를 처음부터 끝까지 파악한 정보를 가리킵니다. 반면 거시 정보는 뉴스나 주가와 같이 개별 사용자를 통해서는 알기 어려운 세간에 영향을 줄 수 있는 정보를 뜻합니다.

여기서는 미시 정보를 처리한 후, 사용자 행동 요약 단계에서 '채소 가격이 올랐을 때 영향을 받기 쉬운 사람'과 연결해보고자 합니다.

미시 정보의 예시로 웹상의 행동 정보, 매장 구매내역 그리고 IoT 기술을 활용한 특정 개인의 행동[5] 등을 들 수 있습니다. 이 장에서는 가장 간단하고 쉽게 취득할 수 있는 웹상의 행동 정보를 예로 들어 설명합니다. 매장 구매내역에 대해서는 다음 장에서 이야기할 예정입니다.

미시 정보의 구조화는 '웹페이지 내에서 정보를 얻을 위치를 선정 → 키워드 추출 → 키워드 중 주요 단어를 선정 → 키워드를 기재[6] → 주요 단어 간 연관성 도출 → 연관성을 바탕으로 단어를 좌표상에 입력[7]'과 같은 흐름으로 진행됩니다.

▍웹페이지에 기재된 정보 취득하기

웹페이지상의 행동에는 브라우저에서 얻을 수 있는 정보와 앱에서 얻을 수 있는 정보가 있습니다.

방법이 다를 뿐 얻을 수 있는 정보는 동일하기 때문에 정보 취득이 간단한 브라우저를 예로 들어 설명해보죠. 브라우저의 경우, 정보를 취득할 페이지의 JavaScript에서 태그라고 불리는 코드를 설치하여 사용자 ID 발행, URL, IP 주소, 사용자 에이전트, 접속 일자 등을 확인할 수 있습니다. 페이지에 쓰인 정보를 취득하는 경우 URL 정보만 있으면 정보의 취득이 가능합니다.

---

5 IoT는 'Internet of Thing(사물인터넷)'의 약자로, 컴퓨터나 스마트 폰 등 정보통신기기 이외의 물건이 인터넷에 연결되는 것을 가리킵니다. 예를 들어, 웨어러블 디바이스(몸에 착용하는 장치로 처음에는 하루 동안 움직인 거리 및 소비 칼로리 등을 기록하는 용도로 사용됐으나 최근에는 그 기능을 확장하고 있다)와 GPS 로거(행동을 기록하는 장치)가 인터넷에 연결되어 로그 데이터를 기록합니다.
6 같은 의미를 가지나 다르게 표현되어있는 것들을 정리합니다. 예를 들어, 전각과 반각, 정식 명칭과 약칭 표기 등이 있습니다.
7 연관성 정보를 보다 적은 정보량으로 나타내는 방법을 말하는 것으로 다양한 방법이 존재합니다. 뒷 장에서 구체적 방법에 대해 설명하고자 합니다

▌HTML상에서 얻고 싶은 정보를 선정

URL로부터 정보 취득이 가능한 경우, 해당 URL에 접속하여 HTML 파일을 가져옵니다. 정보 취득 대상 웹사이트가 여러 개인 경우에는 단어의 출현 빈도에 따라 정보 수집을 결정합니다. 출현 빈도가 높은 웹사이트의 경우 페이지 내의 정보까지 가져옵니다. 출현 빈도가 중간 정도인 웹사이트는 서브 도메인의 타이틀까지 저장하며, 출현 빈도가 낮은 사이트는 도메인의 제목만 저장하는 등의 방법을 생각해볼 수 있습니다.

□ 자료 2-2-2 단어의 출현 횟수 및 순위 그래프

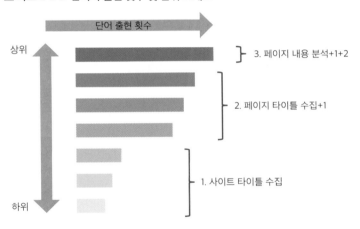

페이지의 내용까지 고려할 경우, meta 요소의 'title', 'description', 'keyword' 및 body 요소는 개별적으로 처리해야 합니다. keyword는 이미 웹사이트 운영자가 의도적으로 붙인 쉼표로 구분되는 정보이므로 그대로 사용합니다. title과 description은 이후 주요 단어 처리 시 있는 그대로 사용합니다.

body 요소는 주요 단어 추출 시에 불필요한 메뉴 등이 포함된 경우가 많기 때문에 삭제합니다. 어디에 중요한 정보가 담겨 있는지를 하나하나 확인하는 방법도 있지만 엄청난 숫자의 웹사이트를 대상으로 하는 경우에는 메뉴, 헤더 및 풋터 등 '공통으로 같은 내용이 기재된 부분은 제거한다'라고 처리합니다. 또한 동일한 도메인, 서브 도메인 속 내용의 일치율이 일정 값을 초과하는 요소는 분석 대상에서 제외합니다. 형태소 분석[8]이라 불리는 단어를 분해하는 기술을 활용하여 포함된 키워드가 대체로 일치한다면 그 요소는 고려하지 않는 등의 작업을 진행합니다. 이렇게 하지 않으면 풋터에 포함된 점포 일람에 전체 도시가 포함된 경우 '이 사용자는 홋카이도 관련 정보에 접속했다'라는 잘못된 정보가 주어질 수 있습니다.

☐ 자료 2-2-3 웹페이지 중 추출 대상 선정

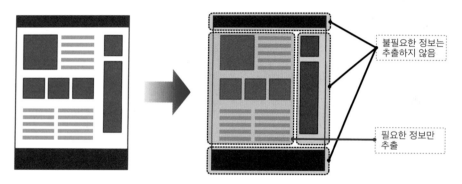

불필요한 정보는 추출하지 않음

필요한 정보만 추출

▌주요 단어 추출

페이지 내의 분석 대상이 결정되면, 주요 단어를 추출합니다. 주요 단어 추출을 위해서는 먼저 단어부터 추출해야 합니다. 단어의 추출은 형태소 분석을 수행하는 도구를 사용하여 진행합니다. 일본어 형태소 분석 엔진[9]으로는 'MeCab'과

---

8   자연어 처리 시에 텍스트데이터의 사전 정보(단어의 품사 등의 정보)를 바탕으로 '형태소(의미의 최소단위)'로 분할하여 각각의 품사 등을 판별하는 것입니다.
9   한국어 형태소 분석기로는 MeCab, KOMORAN, OKT(Open Korean Text), khaiii, 한나눔, 꼬꼬마가 있습니다.

'juman ++'이 있습니다. 딥러닝에 준하는 기술을 활용한 juman ++는 문장을 읽게 하여 그 속에 자주 등장하는 문구를 학습하여 잘못된 인식을 방지할 수 있습니다. 또한 사전에 카테고리 정보도 넣어둠으로써 형태소 분석과 동시에 카테고리를 분류할 수 있다는 장점도 있습니다.

이 방식으로 단어를 추출한 후에 주요 단어를 추출합니다. 이때 가장 자주 사용되는 것이 'tfidf'라는 방법입니다. tf는 'term frequency'의 약자로 그 단어가 얼마나 잦은 빈도로 등장하는지 살펴보는 것입니다. 중요한 단어일수록 출현 빈도가 높을 가능성이 크기 때문입니다. 'inverse document frequency'의 약자인 'idf' 중 df는 얼마나 많은 문장에 등장했는지를 뜻하며, inverse는 분자와 분모를 바꾸는 것을 의미합니다. 즉, 문장 속에 등장한 횟수로 나눈 것을 나타냅니다. 예를 들어 조사 '은, 는'은 거의 모든 문장에 등장하므로 이 단어에 접한 횟수로는 사용자의 취향을 확인할 수 없습니다. tf와 idf를 곱함으로써 일부 문장에 많이 등장하여 사용자의 취향을 판단할 수 있는 주요 단어 지표를 만드는 것이 가능합니다.

☐ **자료 2-2-4 'tfidf' 개념**

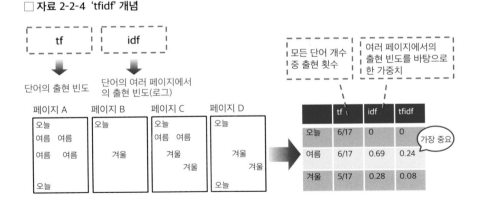

추출된 주요 단어에 '.kr'과 같은 정보가 포함될 수 있습니다. 이러한 사용자 취향에 영향을 주지 않는 단어는 제외 단어 리스트에 등록하여 주요 단어에서 제외합니다.

▌페이지별 단어의 가중치를 부여

같은 단어가 같은 횟수로 포함되어 있더라도 어디에 위치했는지에 따라 그 무게가 달라집니다. 예를 들어 페이지 상단에 페이지를 가로지르는 다른 내용이 적혀 있는 요소가 중요하다고 가정해 봅시다. 페이지 상단인지 아닌지 소스 코드로 추정할 수 있으며, 보다 정확하게 판정하기 위하여 실제로 몇 번째 픽셀에 심겨 있는지를 임의로 표시하여 취득할 수 있습니다.

페이지를 가로지르는 요소에 다른 내용이 적혀 있는지 확인하려면 단어 추출 대상의 요소를 도출할 때 사용했던 지표를 사용합니다. 한 단어가 반복적으로 여러 번 등장하는 경우, '페이지 내에서 어느 정도 위치의 상단인지' 또는 '얼마나 특징적인 요소에 적혀 있는지'를 곱한 합계로 해당 페이지에서 해당 단어의 중요도를 계산합니다.

□ 자료 2-2-5 페이지를 뛰어 넘은 단어의 중요성

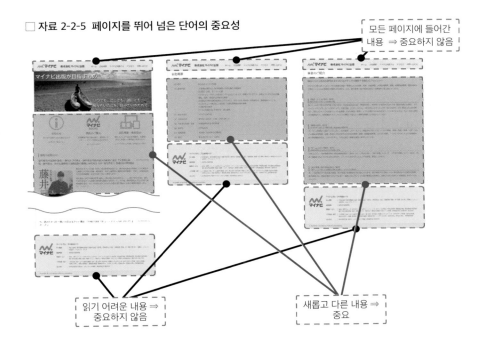

모든 페이지에 들어간 내용 ⇒ 중요하지 않음

읽기 어려운 내용 ⇒ 중요하지 않음

새롭고 다른 내용 ⇒ 중요

□ 자료 2-2-6 페이지 내 단어에 가중치 부여

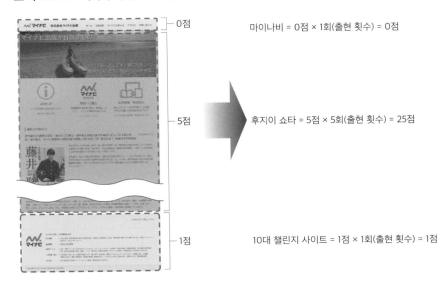

0점

5점

1점

마이나비 = 0점 × 1회(출현 횟수) = 0점

후지이 쇼타 = 5점 × 5회(출현 횟수) = 25점

10대 챌린지 사이트 = 1점 × 1회(출현 횟수) = 1점

▌단어에 의미 부여하기

지금까지 각 페이지의 단어에 가중치를 부여했습니다. 그러나 이대로는 각 단어에 'ID : XXX'라는 레이블을 붙인 것에 불과하며, 'ID : XXX와 ID : YYY는 연관성이 높다', 혹은 'ID : XXX와 ID : ZZZ는 관련성이 낮다'는 의미를 가지고 있지 않습니다. 그래서 추가로 단어에 의미를 부여하는 작업을 수행합니다.

의미를 부여한다는 것은 '동의어를 찾는다' 혹은 '관련 단어를 찾는다'라고 나눌 수 있습니다. 동의어란 가격이나 금액과 같이 거의 같은 의미로 사용되고 있는 단어를 가리킵니다. 관련 단어는 북극이나 펭귄처럼 같은 의미는 아니지만 같은 맥락에서 나온 것이라 이해하면 쉽습니다. 이러한 의미 부여를 하지 않을 경우 '정글'에 대해 조사하는 A 씨와 '북극'에 대해 조사하는 B 씨, '펭귄'에 대해 조사하는 C 씨는 각각 조사하고 있는 단어가 일치하지 않으므로 연관성이 없다는 결론이 납니다. 하지만, 단어에 의미를 부여함으로써 북극과 펭귄은 관련 단어이기 때문에 B 씨와 C 씨의 관계가 A 씨와의 관계보다 가깝다고 판단할 수 있게 됩니다.

동의어를 찾는 것을 '색인'이라고도 합니다. 동의어를 찾는 경우는 일반적으로 사용되는 지명 사전을 사용하는 때와 통계적인 처리를 해야 하는 때가 있습니다. 통계적인 처리를 이용하면 '크리스마스'와 'Xmas'가 같은 의미를 지닌 단어로 인식할 수 있습니다. 통계적인 처리를 통해 크리스마스, Xmas, Christmas와 같은 동의어가 발견되었을 경우에는 가장 출현 빈도가 높은 크리스마스를 주된 표현으로 등록하고, Xmas와 Christmas를 '크리스마스'와 같은 단어로 처리하도록 등록합니다. 이렇게 하면 출현 빈도가 낮아 통계로 처리하기 어려운 단어도 놓치지 않을 수 있습니다.

□ **자료 2-2-7 통계적으로 동의어 찾기**

관련 단어를 찾을 때 고려해야 하는 기본은 '같은 문서에 나오는 단어는 관련성이 높다'는 발상입니다. '같은 문서'를 어떻게 정의하는가에 따라 관련성의 강약을 조절할 수 있습니다. '같은 문장에 포함 → 같은 단락에 포함 → 같은 페이지에 포함 → 같은 범주에 포함 → 같은 사이트에 포함'과 같이 범위를 확장할수록 연관성은 약해집니다. 여기까지의 경험상 동일한 페이지에 포함되어 있는지를 기준으로 생각하면 처리가 간단하며 합리적인 결과를 얻기 쉬우리라 생각됩니다.

같은 페이지에 포함되어 있는지를 기준으로 한 지표가 몇 가지 있습니다. 예를 들어, A와 B라는 단어가 같은 문장에 포함된 횟수가 100회였다고 합시다. 이것만 볼 때 A라는 단어와 B라는 단어에 관련이 있는 것처럼 느껴지기 쉽지만, 각각 100만 개 중 동시에 나오는 횟수가 단 100회라고 하면 도리어 관련성이 낮다고 볼 수 있습니다. 따라서 A와 B가 동시에 나오는 페이지 수를 A 또는 B가 각각 나오는 페이지 수로 나누면 전체 언급 횟수 중 얼마나 함께 나오는지 계산할 수 있습니다. 이렇게 구한 지표를 '자카드 계수'라고 합니다. 같은 계산 방법으로 '코사인 유사도', '다이스 계수', '심슨 계수' 등이 있습니다. 이 중 자카드 계수는 단어 A와 B가 유사한 양으로 관계가 있을 때 연결되기 쉽다는 경향이 있어, 개인적인 경험상 가장 타당한 결과를 반환한다는 인상이 있습니다.

□ 자료 2-2-8 자카드 계수

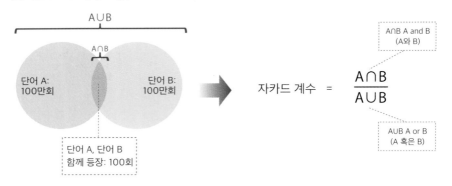

한편 A와 B가 같은 문장에 나오는 경우에도 A는 페이지에서 중요한 위치에 나타나고, B는 중요하지 않은 위치에 나타난다면 동일하게 취급해서는 안 된다는 관점도 있습니다. 이 경우 페이지 위치의 중요성에 따라 출현 빈도 가중치를 주어서 보다 정확한 연관성을 계산할 수 있습니다.

이처럼 여러 개의 단어 간의 관련성을 찾아 도식화할 수 있습니다. 관련성 표를 통해 단어 X와 단어 Y의 관계는 알 수 있지만, 단어 X가 어떤 단어인지 다른 단어와의 관련성을 배제하고는 표현할 수 없습니다.

적은 정보량으로 연관성을 나타낼 수도 있습니다. 단어 A = (0.1, 0.4, 0.7, 0.3), 단어 B = (0.6, 0.2, 0.5, 0.2)와 같이 숫자 배열(벡터)로 단어를 표현하며, 벡터의 값이 가까울수록 의미가 가깝다는 의미입니다. 이처럼 단어를 벡터로 나타내는 방법을 '워드 임베딩(Word Embedding)'이라고 하며, AI가 학습하기 쉬운 형태의 정보입니다. 워드 임베딩 기술은 계속해서 새로운 방법이 생겨나고 있습니다. 단어 수가 많은 경우에 효과적이며, 연관성 정보의 손실은 방지하면서 계산량도 방대해지지 않을 뿐 아니라 수많은 사례를 통해 검증된 워드 임베딩 방법 중 하나인 'LINE(Large-scale Information Network Embedding)'에 대해 설명해보겠습니다.

☐ **자료 2-2-9 LINE의 개념**

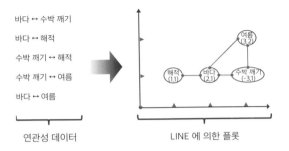

연관성 데이터

LINE 에 의한 플롯

'바다'는 '수박 깨기', '해적', '여름'과 연관성이 높다.
'수박 깨기'는 '여름', '바다'와 연관성이 높다.
'해적'은 '바다'와만 연관성이 높다.
따라서 바다의 위치는 ......

그러므로......

바다의 위치는 (2,1)

이 방법은 연관성이 높은 단어끼리 가급적이면 가까이 위치하도록 단어를 설계하는 방법입니다. 이 방법을 사용하면 단어의 연관성을 매우 적은 차원(정보량)에 압축할 수 있습니다. 필자의 경험으로는 수만 개의 단어를 $100 \times 100 = 10,000$ 픽셀의 평면의 어느 좌표로 나타내는 방대한 정보를 압축하더라도, 그 데이터를 이용한 AI 예측 시 충분히 정밀도 높은 결과가 나왔습니다.

이 방법에 의한 정보의 구조화 과정은 거의 마무리가 되었습니다. 단어의 연관성을 좌표로 표현할 수 있게 되면 그 좌표상의 거리를 바탕으로 머신러닝을 이용하여 단어를 그룹화할 수 있습니다.

또한 이 기술을 페이지마다 적용하면 페이지의 의미를 여러 단어로 표현할 수 있습니다. 단순히 '미용'이라는 단어가 많이 들어있는 페이지뿐만 아니라 '부정적인 맥락에서 미용에 대해 얘기하는 페이지'와 같은 의미를 부여할 수 있습니다.

AI 활용 시 하나의 AI로 좋은 결과를 기대하기보다는 여러 가지 통계 기법, Chapter 1에서 설명한 레벨 3 이하의 머신러닝, 그리고 딥러닝 및 워드 임베딩 등의 최신 기술을 각 단계에서 적절하게 활용하여 목적을 달성해나가야 합니다.

사용자의 행동 패턴 모으기

사용자가 접한 단어나 페이지의 정보가 구조화되면 이번에는 그 정보를 사용자에게 부여합니다. 즉, 사용자와 키워드를 연결하는 것입니다. 이때 '제품을 구매한 사용자가 많이 보는 사이트나 페이지의 정보는 중요도가 높다'와 같이 사이트 및 페이지에도 가중치를 부여하는 조정을 통해 사용자 행동 예측의 정확도를 향상할 수 있습니다.

☐ **자료 2-2-10 사용자에게 키워드 부여하기**

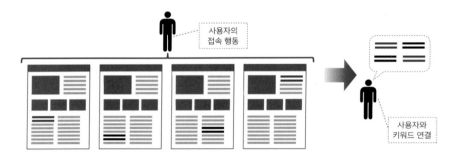

해석을 위해 사용자 행동 패턴을 정리하기

　사용자의 관심을 파악하기 위해서 단어를 단어 그대로 다루는 편이 사람에게 는 이해하기 쉽습니다. 사용자가 사이트에 유입될 때까지의 흐름은, 사이트에 유 입된 사용자가 며칠 전에 어떤 단어를 접하고 있었는지를 가로축에 정리하고, 정 보를 구조화할 때와 동일한 방법으로 연관성을 계산한 결과를 세로축에 정리하여 고객 여정 지도로 나타냅니다. 단어를 카테고리별로 수집한 후, 구조화의 결과들 을 그룹별로 정리할 수 있습니다.

　자료 2-2-11은 어떤 건강 관련 상품에 이르기까지의 고객 여정입니다. 구조화 작업을 통해 그룹별로 정보를 정리했습니다. 이 표를 통해 건강 제품에 이르기까 지 '연예인의 건강 정보', '여행', '의약품', '파티'라는 4개의 경로가 있었다는 걸 알 수 있습니다.

　의약품에 관해 알아보던 사용자는 일관적으로 의료 관련 조사를 하고 있습니 다. 한편, 여행에 대해 알아보던 사용자의 경우 먼저 여행을 머릿속에 떠올린 후, 그로부터 온천에 들어갈 때 사람들 앞에서 옷을 벗어야 한다는 사실을 떠올려서 인지 다이어트에 관련된 단어를 조사하기 시작했음을 알 수 있습니다. 파티에 대 해 알아보던 있던 사용자는 패션에 대해서도 알아보고 있는데, 이 단계에서는 다 이어트에 관한 생각을 하고 있지 않은 것 같습니다. 패션 다음으로 디저트에 대해 알아보던 중, '아니다, 곧 파티에서 옷을 차려입어야 하는데, 자꾸 디저트를 먹으 면 안 되겠지.'라는 생각이 떠오른 것이 아닐까요.

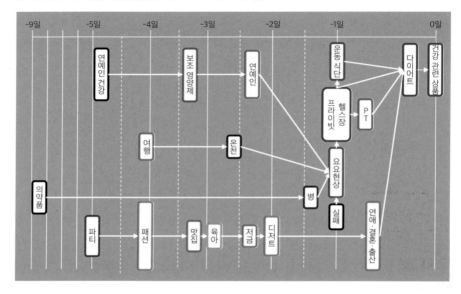

광고 문구를 결정하는 시점에는 고객 여정이 다음 단계로 진행되는데 기여한 단어들을 확인합니다. 자료 2-2-11에서 여행에 관해 조사하던 사용자를 예로 들어 봅시다. 먼저 다이어트 관련 키워드를 통해 다음 단계로 나아가는 사용자(전환 사용자라고 부릅시다)와 그렇지 않은 사용자(이탈 사용자라고 부릅시다)의 '여행 → 온천'이라는 키워드의 전환율과 '온천 → 다이어트'라는 키워드의 전환율을 집계하고 그 차이를 비교합니다. '여행 → 온천' 키워드의 경우 전환 사용자 숫자가 이탈 사용자보다 많은 데 비해, '온천 → 다이어트' 키워드의 전환율과는 큰 차이가 없다면, 온천을 의식하게 할 경우 자연스럽게 전환될 확률이 높다는 것을 알 수 있습니다. 즉, 온천까지 의식하고 있는 사용자는 스스로 타인에게 피부를 노출한다는 의식이 있기 때문에, 다이어트를 해야 한다는 결론에 도달한다고 볼 수 있습니다. 반대로, '여행 → 온천' 전환율은 두 사용자 집단 사이에 차이가 없는데, '온천 → 다이어트'

전환율이 더 높은 경우에는 온천을 의식한 단계에서 다음 단계로 넘어갈지 말지 여부를 좌우할 요인이 있다는 것을 보여줍니다. 따라서 온천에 대한 광고뿐만 아니라 '온천에 갔는데 나만 통통하다니!'와 같이 온천과 다이어트를 결합한 광고 문구를 사용해야 합니다.

이처럼 고객 여정 지도를 설계한 후에 전환 되었을 경우와 그렇지 않은 경우를 비교함으로써 더 섬세한 광고 문구를 고안할 수 있습니다.

AI 학습을 위한 사용자 행동 패턴 정리하기

그럼, 차후의 학습에 사용할 수 있는 형태로 사용자에게 정보를 부여하는 방법에 관해 설명하도록 하겠습니다.

우선 '타임 윈도우(데이터를 집계하는 기간 단위)'를 결정한 뒤, 그중에서 사용자가 접한 단어를 접한 빈도와 페이지 내에서의 중요도, 그리고 페이지 자체의 중요도를 바탕으로 정보를 부여합니다. 앞서 설명한 바와 같이 각 단어는 좌표 점으로 플롯되어 있기 때문에 사용자가 접한 단어(좌표 점)를 축적함으로써 그 타임 윈도우 내 사용자의 행동을 하나의 모양(이미지)으로 나타내는 것입니다.

Chapter 1에서 설명했듯이 딥러닝은 이미지의 특징을 추출하는데 적합한 방법입니다. 만들어진 이미지를 그대로 픽셀로 연결하여 비트맵으로 보존하는 것이 아닌, '이런 느낌의 사진'이라는 특징을 파악함으로써 정보가 더욱 압축됩니다. 타임 윈도우를 단계적으로 움직여서 이미지의 특징을 파악하고 특징을 연결하여 스토리로 나타낼 수 있습니다. 이것이 바로 행동에서 마음 상태의 변화를 파악하는 AI라고 할 수 있습니다.

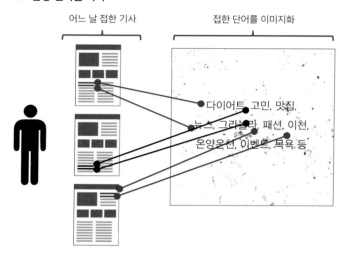

□ 자료 2-2-12 심경 변화를 파악

어느 날 접한 기사   접한 단어를 이미지화

다이어트, 고민, 맛집,
뉴스, 그라놀라, 패션, 이천,
온양온천, 이벤트, 목욕 등

사용자가 접한 정보를 이미지화하고 압축함으로써 사용자의 행동 패턴이 사용자 A = (0.1, 0.2, 0.9, 0.2, 0.4, 0.5, 0.2 …)처럼 숫자 배열, 즉 벡터로 저장된다는 것에 대해서는 이미 설명했습니다. 벡터의 수치는 사람이 봐서는 알 수 없지만, 1~16번까지의 숫자는 첫째 날의 행동 패턴 특징을 수치화한 것이고, 17~32번까지는 둘째 날까지의 행동 패턴의 특징을 수치화한 것 …… 이라는 의미를 가지고 있습니다.

일단 사용자의 행동 패턴이 벡터화되면, 이차원 좌표상의 거리를 구하는 방법으로 여러 사용자의 벡터의 거리를 구하거나 그룹화할 수 있습니다. 이때 만들어진 벡터는 단순한 키워드의 접속 수를 더한 결과가 아니라, 어떤 키워드에 언제 접촉했는지 등의 추이를 포함한 특징을 추출합니다. 따라서 동일한 그룹의 사용자는 '원래 여행 관련 단어를 접하고 있었고, 거기에서 이벤트 관련 정보를 접한 후에는 더 깊게 알아보게 되었다'와 같이 동일한 키워드의 추이, 즉 고객 여정의 특징을 가지게 됩니다.

□ **자료 2-2-13 특정 유저 그룹의 고객 여정**

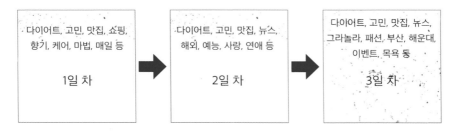

사용자 특징 예측하기

　여기까지 사용자의 마음이 행동에 반영된다는 가정하에 어떻게 행동 패턴을 집약할 것인지를 알아봤습니다. 이를 활용하여 사용자가 특정한 특징을 가졌는지를 추정합니다. 사용자의 특징으로는 '어떤 상품을 사기 쉬운가', '남자인지의 여부', '패션에 관심이 있는가?', '가격이 하락했을 때 상품을 구매하는 빈도가 높은가', '만약 ○와 같은 제품이 있으면 구매할 것인가' 등이 있습니다.

　행동 특징이 충분히 추출되었다면 그 특징을 이용한 사용자 특성 예측이, 행동 특징을 추출하지 않은 미가공 데이터를 이용한 예측보다 훨씬 정확도가 높아집니다. 이러한 경향은 특히 예측하고자 하는 대상의 수가 충분치 않아 적은 데이터로부터 많은 것을 예측해야 할 때 큰 효과를 발휘합니다.

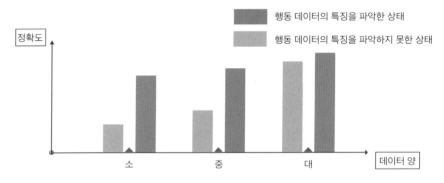

□ 자료 2-2-14 행동 데이터의 특징을 추출한 경우와 그렇지 않은 경우의 예측 정확도 차이

정확도

■ 행동 데이터의 특징을 파악한 상태
■ 행동 데이터의 특징을 파악하지 못한 상태

소   중   대   데이터 양

　행동의 특징 추출이 충분히 이루어진 경우, 예측 정확도의 관점에서만 생각하면 학습용 프로그램이 딥러닝 기반일 필요는 없습니다. 오히려 딥러닝의 대표적인 기술의 하나인 특징 추출을 다른 형태로 해냈다고 볼 수 있습니다. 그러나 이번 장에서는 예측에 기여한 특징 추출을 고려하여, 딥러닝을 사용하여 설명하고자 합니다. 딥러닝뿐만 아니라 머신러닝을 활용하여 예측할 때에도 속성 데이터와 학습용 레이블 데이터를 결합한 형태의 데이터를 사용합니다. 이번에는 사용자의 특징에 대한 학습이기 때문에 행은 각각 사용자가 됩니다. 속성 데이터는 지금까지 정리해서 수치화한 행동 데이터입니다. 학습용 레이블 데이터는 '어떤 상품을 사기 쉬운가'처럼 예측을 통해 알아내고 싶은 특징 데이터입니다. '어떤 상품을 사기 쉬운가'는 해당 상품의 구매내역에서 구매한 경우에는 '1', 구매하지 않은 경우에는 '0'과 같은 레이블이 붙여진 데이터입니다. 속성 데이터에서 '0 혹은 1'이나 'Yes 혹은 No' 또는 'A 혹은 B 혹은 C'와 같이 레이블을 예측하는 AI를 '판별기'라고 부릅니다.

예측 정확도 검증 방법

학습을 할 때에는 랜덤 데이터에도 대응이 가능하도록 데이터를 훈련용 데이터 (로직을 만들기 위한 데이터)와 테스트용 데이터(로직이 올바른지 확인하기 위한 데이터) 두 가지로 나눕니다. 행동 데이터를 정리하는 단계에서 행동 추출이 제대로 이루어 졌다면 어느 것을 사용해도 정확도에는 차이가 없습니다. 일반적인 판별기에 관해 설명하도록 하겠습니다.

먼저 판별기에 랜덤 데이터를 입력할 경우, 어떤 종류의 예측 모델이 만들어집 니다. 예측 모델이란, 속성 데이터만 넣으면 학습용 레이블 ('남자인지의 여부', '어떤 상품을 사기 쉬운가')을 예측하는 것을 가리킵니다. 예측 모델이 완성된 후 랜덤 데이 터를 입력하면 예측 결과가 추출됩니다. 예를 들어, 행동 데이터로부터 특정 상품 을 구매할지의 여부를 판별하는 예측 모델이 생겼다고 가정합니다. 5,000명의 데이터를 투입한 결과, 자료 2-2-15와 같은 결과가 나왔습니다. 왼쪽은 '살 것이라는 예측이 맞아떨어진 경우'이며, 오른쪽은 '사지 않을 것이라는 예측이 맞아떨어진 경우'를 나타냅니다.

□ **자료 2-2-15 예측 모델 판별기에 의한 예측과 그 결과**

		예측	
		산다	사지 않는다
실제	산다	50	100
	사지 않는다	200	4,650

예측이 얼마나 맞아떨어졌는지의 여부를 나타내는 평가의 척도로 'Accuracy(정확도)'라는 지표가 있습니다. 이는 예측이 맞아떨어진 숫자의 합계를 전체 데이터로 나눈 결괏값입니다. 지금의 경우, (50 + 4650) ÷ 5000 = 94%가 됩니다. 이 예측모델의 정확도는 94%라는 것입니다. 그 외에도 'Precision(정밀도)'과 'Recall(검출률)' 등의 평가 척도가 있습니다.

Precision은 정답('구매한 사용자'와 같이 특정한 대상)으로 예측했던 수 중 얼마나 맞았는지를 나타냅니다. 이 경우, 50 ÷ (50 + 200) = 20%가 됩니다. 예를 들어 광고취득 단가를 낮추려면 구매 예정인 모든 사용자를 예측할 수 없다고 할지라도, 구매할 가능성이 있는 사람을 정확하게 예측하여 광고를 노출하고 싶을 것입니다. 이럴 때 Precision을 높이는 예측 모델을 구축해야 합니다.

Recall은 전체의 정답 중 얼마나 많은 정답을 예측할 수 있었는지를 나타냅니다. 이 경우라면, 50 ÷ (50 + 100) = 33%가 됩니다. 예를 들어 새 제품을 출시할 때 구매전환율이 낮아지더라도 가능한 많은 잠재 고객에게 접근하고 싶다면 Recall을 높이는 예측 모델을 구축합니다.

일반적으로 Precision과 Recall은 '트레이드 오프(Trade-off: 이율배반)' 관계입니다. Precision을 올리면 Recall은 낮아지고, 반대로 Recall을 올리면 Precision이 낮아집니다.

Precision과 Recall 중 어느 것을 우선시할지를 컨트롤할 수 있습니다. 대부분의 판별기는 정답인지의 여부를 모 아니면 도의 형식으로 반환하는 것이 아닌, '사용자가 제품을 구매할 확률 : 42%'와 같이 연속적인 값으로 출력합니다. 그래서 정답이라고 판단할 수 있는 범위의 임계값을 조정하여 예측기가 정답이라고 판단할 수 있도록 조정할 수 있습니다. 이번 예시로 생각해보면, 임계값이 40%일 경우 제품을 구입하는 사용자라고 판단하고, 임계값이 50%일 경우에는 제품을 구매하지 않는 사용자라고 판단됩니다. 임계값을 높이면 정확도가 높은 것에 한해 정답이라고 판단하기 때문에 Precision이 높아집니다. 반대로, 임계값을 낮추면 정확도가 낮더라도 조금이라도 정답이 같을 경우 정답이라고 판단하게 되므로 Recall이 높아집니다.

Precision과 Recall 두 지표가 모두 높은지의 여부를 검증하기 위한 'F 척도'라는 지표가 있습니다. 분모가 Precision과 Recall의 곱으로 되어 있어 두 가지 지표를 올리면 결과값이 작아집니다. 양쪽 균형이 잡혀있을 경우 좋은 값이라고 볼 수 있습니다.

□ 자료 2-2-16 F 척도 방정식

$$F\ 척도 = 2 \times \frac{Precision \times Recall}{Precision + Recall}$$

학습용 레이블을 어떻게 준비할 것인가?

여기까지 준비가 갖추어지면, 나머지는 정확한 학습용 레이블 (무엇을 예측하고 싶은지)만 준비하면 됩니다. 학습용 레이블의 준비는 마케팅 및 시스템 통합과 관련 있는 이야기라고 볼 수 있습니다. 몇 가지 구체적인 사례를 살펴보겠습니다.

상품의 구매를 학습용 레이블로 하는 경우 웹상 행동 추적 태그가 포함된 페이지에서 일어난 구매라면, 웹상에서의 행동과 제품 구매를 체계적으로 연결하기는 쉽습니다. 그러나 오프라인 매장에서의 구매와 웹페이지상 행동을 연결하기 위해서는, 각 매장의 회원 ID와 웹페이지 로그인을 연결할 뿐만 아니라 매장에서 이루어진 구매까지 연결해야 합니다. 싱글 소스 패널이라 불리는 설문 조사 패널 사용자가 제품 구매를 자진 신고하는 경우에는 웹상 행동과 자진 신고 결과를 연결할 수 있습니다.

□ **자료 2-2-17 상품 구매 데이터와 행동 데이터 연결하기**

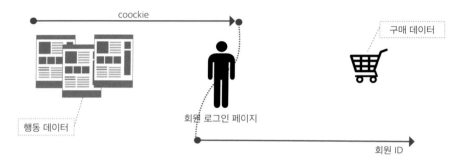

남녀 등의 인구 통계학적 특성을 예측하는 경우도 생각해 봅시다. 모든 사용자에게 인구 통계학적 데이터가 부여되어있는 경우는 적기 때문에 인구 통계학적 특성을 알고 있는 일부 사용자의 정답 데이터를 바탕으로 행동 패턴을 분석하여 다른 사용자의 인구 통계학적 특성을 예측할 필요가 있습니다. 고객 유치 단가만을 고려할 경우에는 예측된 인구 통계학적 특성을 이용하면 Precision은 악화될지 몰라도 자사의 전략에 따라 각 인구통계계층(C, T, M1-M3, F1-F3)[10]이 얼마나 움직였는지 파악하는 것은 마케팅 전체의 그림을 파악하는 데 중요한 역할을 합니다. 인구 통계학적 특성을 부여하는 방법은 간단한 설문으로 패널에게 직접 묻거나, 혹은 서비스 가입 시 입력된 정보를 이용함으로써 보다 정확한 정보를 파악할 수 있습니다. 대부분의 설문은 웹에서 이루어지기 때문에, 행동 데이터와 연결하기도 용이합니다.

---

10 광고 업계의 마케팅에서 활용되는 사용자의 연령별 구분. C층(남녀 4~12세), T층(남녀 13~19세), M1층(20~34세 남성), M2층(35~49세 남성), M3층(50세 이상 남성), F1층(20~34세 남성), F2층(35~49세 남성), F3층(50세 이상 남성)을 가리킵니다.

□ **자료 2-2-18 설문 패널과 행동 데이터 연결하기**

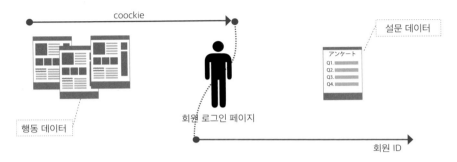

다음으로 '패션에 관심이 있는가?'와 같은 사이코그래픽 데이터를 예측하는 방법에 대해 생각해 봅시다. 이 경우 '패션'이라는 키워드를 자주 접하고 있는 사용자는 패션 자체에 관심이 있다고 생각해도 무방할 것입니다. 또한 '니트', '팬츠', '스커트' 등 패션 관련 키워드를 검색하는 사용자도 패션에 관심이 있다고 생각해도 좋겠습니다. 패션이라는 키워드를 자주 접하고 있는 사용자를 학습용 레이블로 삼아 예측 모델을 만들고, 그 예측 모델을 바탕으로 높은 확률로 패션에 관심이 있다고 생각되는 사용자를 찾아봅니다.

또한 거시적인 정보에 대한 변화의 용이성도 예측할 수 있습니다. 예를 들어 매장 구매내역 데이터를 이용하여, 재료의 가격이 하락했을 때 그 재료와 관련 식품의 구매율이 상승한 사용자를 확인할 수 있습니다. 그리고 이러한 사용자를 학습용 레이블로 삼아 그 행동 데이터로부터 예측 모델을 설계합니다. 매스미디어의 광고 조사 시 '당신은 ○○의 광고를 본 적이 있습니까?' 등의 질문을 통해 광고를 보고 해당 상품을 구매한 사람의 비율이나 경쟁 상품으로부터 전환된 사람의 비율이 올랐는지 확인하여 광고에 대한 반응도 확인할 수 있습니다.

'제품을 구매했다', '남성이다'와 같이 이미 발생한 사건이나 확정된 정보뿐만 아니라 '만약 이러한 신상품이 출시될 경우 사용할 것인가?' 같은 설문 조사를 통해 아직 시장에 출시되지 않은 제품에 대한 의식도 알아볼 수 있습니다. 이때 학습용 레이블의 설계에 따라 다양한 사용자 그룹을 만들거나 그 특징을 분석할 수 있습니다.

미가공 데이터에서 정보 손실을 최소화하면서 행동 데이터의 특징을 제대로 파악할 수 있다면, 그 기반에서의 예측 모델 구축은 시행되는 판별기 측 파라미터만 조절하면 좋아진다는 점에 주목할 필요가 있습니다. '남성인지의 여부를 예측할 때, 이 키워드를 일주일에 한 번 이상 검색했는지 여부가 중요하지 않을까?'라는 모델을 인간이 일일이 설계할 필요는 없다는 것입니다.

예측에 기여한 특징 이해하기

지금까지 예측 모델 구축 방법 및 그 기반이 되는 기술에 대해 설명했습니다. 그러나 이것만으로는 "이 사용자 그룹의 화장품 구매 확률은 매우 높습니다. 이유는 알 수 없지만, 비싼 제품이므로 일단 광고를 합시다."라는 설득력 없는 마케팅이 되어 버립니다. 또한 사용자가 원하는 바를 알지 못한 채 광고를 만들게 됩니다. 앞서 정보의 구조화에 대해 설명할 때 언급한 세그먼트의 경우는 어디까지나 그룹화한 그 그룹만의 특징을 알아볼 수 있었다면, 여기서는 나아가 '이 행동 특징이 없으면, 이 사용자는 제품을 살 확률이 높다고는 볼 수 없다'라는 특징도 알아낼 수 있습니다.

Chapter 1에서 딥러닝은 이미지의 특징을 자동으로 인식한다고 설명했습니다. 마찬가지로 행동으로부터 마음의 변화 역시 자동으로 찾아낼 수 있습니다. 그리고 예측 시 가장 크게 반응하는 특징에 대응한 뉴런이 어떤 입력과 연결되어 있었는지 연결고리를 풀어 예측에 기여한 요소를 확인할 수 있습니다. 기존의 기계학습으로도 '이 단어를 접했는지 여부가 중요'하다는 것은 도출할 수 있었으나, '여행에 대해 조사하던 중, 온천이 생각났고, 공공 장소에서의 노출이 있으니 다이어트를 하자'고 하는 일련의 스토리 추출은 딥러닝으로만 가능한 일입니다.

□ 자료 2-2-19 예측에 기여한 뉴런으로부터 예측 시 주요한 특징 도출하기

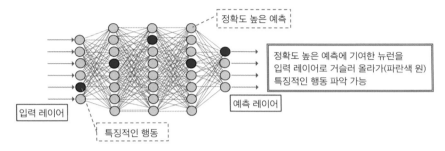

정확도 높은 예측

정확도 높은 예측에 기여한 뉴런을
입력 레이어로 거슬러 올라가(파란색 원)
특징적인 행동 파악 가능

예측 레이어

입력 레이어

특징적인 행동

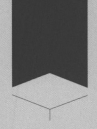

CHAPTER

3

실전
AI 마케팅

3-1 '알리기' 위한 AI 활용

이번 Chapter에서는 구매 퍼널의 각 단계에서 AI가 어떻게 사용되고 있는지 설명합니다. 마케팅은 퍼널의 단계와 마케팅 솔루션이 밀접하게 연관되어 있는 경우가 많습니다. 알리기 위해서 광고를 활용하는 경우가 많으나 '광고를 위한 AI의 활용'이라고 하지 않은 것은 광고(라기보다는 광고란)가 인지뿐만 아니라 사이트 방문자의 리타기팅 등 구매 촉진에도 활용되기 때문입니다. 여기서는 '알리기 위한 광고'로써 설명해보고자 합니다. 우선은 기술을 활용하기 쉬운 디지털 광고에 대해 이야기해 보죠.

누구를 대상으로 광고할 것인가?

▌사용자 분류

광고는 상품의 브랜드나 상품이 소속된 카테고리를 모르는 사람에게 알리는 기능을 합니다. '브랜드를 모르는 사람'에도 세 가지 단계가 있습니다. 브랜드를 인지하기까지의 거리가 가장 가까운 사람은 브랜드에 대한 관여는 낮지만, 그 브랜드가 속하는 카테고리에 대한 관여가 높은 사람입니다. 그다음으로 가까운 사람은 카테고리 자체에 대한 관여는 낮지만, 그 카테고리와 관련된 라이프 스타일을 갖춘 사람입니다. 그리고 가장 먼 사람은 라이프 스타일이 카테고리 자체와 관련이 적은 사람입니다. 암반욕 브랜드로 예를 들어보죠. 암반욕 및 이와 관련된 키워드를 검색하는 사람은 카테고리에 대한 관여도가 높은 상태입니다. 한편, 암반욕 등의 단어를 직접 접하지 않았어도, '혈액 순환', '미용' 등의 단어를 검색한 사람은 카테고리와 높은 관여도를 가질 가능성이 있는 라이프 스타일이라고 볼 수 있습니다.

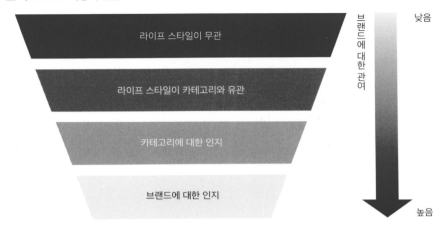

□ 자료 3-1-1 사용자 분류

라이프 스타일이 무관

라이프 스타일이 카테고리와 유관

카테고리에 대한 인지

브랜드에 대한 인지

브랜드에 대한 관여

낮음

높음

각각의 사용자가 얼마나 있는지는 '브랜드를 대표하는 단어' 혹은 '카테고리를 대표하는 단어'를 접한 사용자의 수를 고려하여 예측할 수 있습니다. 또한 브랜드를 대표하는 단어를 직접 검색하지 않더라도, 데이터를 제대로 구조화함으로 인해서 대표적인 단어와의 연관성이 높은 단어를 찾아 해당 단어들을 접한 사용자까지 고려하여 빠짐 없이 예측이 가능합니다.

□ 자료 3-1-2 브랜드, 카테고리와 그 주변 단어들의 맵핑 예시

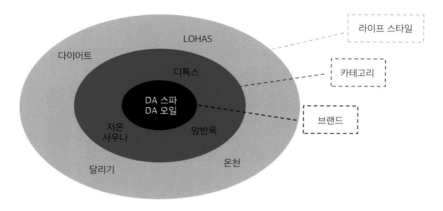

▌사용자 타기팅 시 기본 지침

브랜드를 알리기 위한 광고 타깃은 다음 구매까지의 리드 타임을 고려하면 카테고리에 대한 관여도가 높은 사용자가 좋습니다. 한편, 브랜드를 인지하기 이전 단계의 사용자를 타깃으로 하는 광고를 지속해서 내보내면, 반응하기 쉬운 사용자는 다음 단계로 이동하며 반응하기 어려운 사용자만 남게 되어 점점 광고 효율이 떨어지는 결과를 가져오게 됩니다. 그래서 좀 더 포괄적으로 라이프 스타일 단위의 카테고리 관여가 높아질 가능성이 있는 사용자를 대상으로 광고를 게재해야 합니다.

'DMP(데이터 관리 플랫폼)' 등을 통해 개별 사용자를 대상으로 광고를 발신할 수 있는 경우, 금액이라는 요소도 포함하여 광고 효율이 일정하게 유지되도록 실시간으로 조정하면서 사용자를 선정할 수 있습니다.

□ 자료 3-1-3 관여도가 높은 분류부터 광고를 집행하여 순차적으로 확대

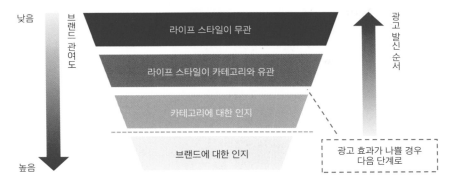

관여도가 낮은 사용자 중 잠재 고객 찾기

별다른 기미가 없고, 라이프 스타일이 카테고리와 연관성이 높지 않은 고객 중에도 접근 방법에 따라 잠재 고객이 되는 경우가 있습니다. 그것은 매스 미디어 등을 통해 잠재적으로 카테고리 관여도는 높아졌으나 아직 명시적인 행동을 취하지 않고 있는 사용자입니다.

예를 들어 여행에 관한 정보를 접한 사용자는 '아, 온천 가고 싶다. 따뜻하고 피부도 좋아질텐데'라고 생각하고 있을 가능성이 있습니다. 이러한 사용자를 파악하기 위해서는 앙케이트 등을 통해 평소에 어떤 미디어를 자주 접하는지와 같은 질문의 답을 얻어내야 합니다. 그 중 이번 예를 들자면 온천 특집을 다룬 미디어를 접한 사용자를 추려냅니다.

그 후 사용자의 특징 예측을 위해 설명한 방법으로 '평소 이 미디어를 접한 사용자' = '최근 온천 특집을 접했을 가능성이 있는 사용자'를 추정합니다. 이로 인해 기미가 없는 사용자 중 잠재적 고객이 될 가능성이 높은 사용자를 타깃으로 한 접근이 가능해집니다.

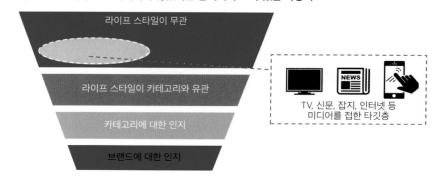

▎광고의 중복을 줄이고 포괄적으로 도달하기

광고에는 '인지가 축적된다'라는 개념이 있습니다. 한 번 접할 때 인지되지 않더라도 여러 번 접함으로 인해 인지가 축적되고, 그로 인해 기억에 저장된다는 발상입니다. 하지만 일단 기억으로 저장되고 나면 인지가 충분한 상태가 되어 이후로는 광고를 접한다고 해도 구매까지 이어지지 않을 가능성도 있습니다.

매스 미디어로 광고를 접한다고 판단된 사용자 그룹에는 그 외의 광고를 게재해도 효과를 얻을 수 있으므로 매스 미디어 이외의 사용자를 대상으로 한 광고(예를 들어 Web 광고)를 게재합니다. 이렇게 하면 매스 미디어와 디지털 미디어의 총합 달성률을 높일 수 있습니다.

매스 미디어를 접했는지의 여부는 지금까지와 마찬가지로 설문 조사 결과를 바탕으로 한 사용자 유추를 기반으로 판단합니다.

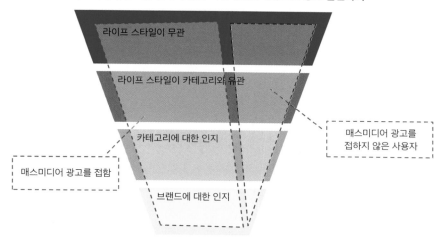

□ 자료 3-1-5 매스미디어 광고를 접하지 않은 사용자만을 대상으로 광고 발신하기

라이프 스타일이 무관

라이프 스타일이 카테고리와 유관

카테고리에 대한 인지

매스미디어 광고를 접하지 않은 사용자

매스미디어 광고를 접함

브랜드에 대한 인지

어떤 메시지를 전할 것인가?

　광고에서 전해야 할 메시지는 어떤 것일까요? 암반욕에 관심이 없는 워커홀릭 엔지니어를 대상으로 '암반욕 하면 DA스파!' 라고 쓰인 Web 광고를 계속 발신해도 이를 인지하지 못하여 기억에 남지 않을 것입니다. 그보다는 '매일 컴퓨터 화면만 쳐다보느라 눈도 어깨도 피로하시죠?'라는 광고를 보았을 때 기억에 남을 것입니다. 이어서 '피로를 풀러 온천은 어떠신가요?'라는 문구를 본다면 "아, 그렇지." 할지도 모릅니다.

　'그렇지만 온천에 가려면 돈도 시간도 많이 듭니다'와 같은 부정적인 문구를 보면 '온천 가기는 힘들겠지'라고 생각을 바꾸게 될 겁니다. 이때, '사무실 근처에도 온천같이 편하게 쉴 수 있는 공간이 있습니다.'라고 이어나간다면 '도심에서 즐기는 암반욕, DA스파!' 라는 문구가 마음을 사로잡을 것입니다.

타깃 사용자가 결정되면 그 사용자의 잠재의식을 깨우기 위해 이처럼 스토리텔링 형식의 광고를 고안해야 합니다.

▌메시지의 중요한 요소는?

메시지에서 가장 중요한 것은 내용이고, 그다음으로는 전달 방법입니다. 무엇을, 어떤 순서로, 언제, 어느 정도 강조할지 등을 설계하는 것이 중요합니다. 광고에서는 '스토리 플래닝(Story Planning)', '리슨시 플래닝(Recency Planning)', '프리퀀시 플래닝(Frequency Planning)'이라고 부릅니다.

그렇다면, 앞서 5가지 메시지(A~E)에 관하여 생각해봅시다.

A: 매일 컴퓨터 화면만 쳐다보느라 눈도 어깨도 피로 하시죠?

B: 피로를 풀러 온천은 어떠신가요?

C: 그렇지만 온천에 가려면 돈도 시간도 많이 듭니다.

D: 사무실 근처에도 온천 같이 편하게 쉴 수 있는 공간이 있습니다.

E: 도심에서 즐기는 암반욕, DA스파!

이대로 'A → B → C → D → E'도 가능하지만 'A → B → C → D → E → D → E'와 같이 반복하여 강한 인상을 남기는 방법도 생각해볼 수 있습니다. 또한 'A →→→ B →→→ C →→→ D →→→ E → E → E'처럼 중간 지점까지 천천히 전달한 후 후반을 빠르게 전달하는 방법도 있습니다. 또한 온천을 언급하지 않은 채 'A → D → E'로 컴팩트하게 전달하는 것 역시 가능합니다.

이처럼 광고의 스토리(순서), 리슨시(간격), 프리퀀시(접촉 횟수)를 컨트롤하는 것도 플래닝의 일환입니다. 그러나 그것만으로는 충분하지 않으며, 그 효과를 측정하여 더 나은 메시지 플래닝을 해야 합니다. 그러기 위해서는 어떤 메시지일 때 구매율이 몇 %인가와 같은 정보를 학습시켜야 합니다. 그러나 메시지란 스토리, 리슨시, 프리퀀시와 같이 복잡한 구조를 가지기 때문에 어떤 메시지가 좋은지를 단순히 학습할 수 없습니다. 그래서 메시지를 판별기가 학습할 수 있는 형태로 변환해야 합니다. 이 변환은 Chapter 2에서 다룬 고객 여정의 벡터화와 같은 논리로 구현합니다.

□ **자료 3-1-6 메시지에 스토리, 리슨시, 프리퀀시를 포함하여 추상화하기**

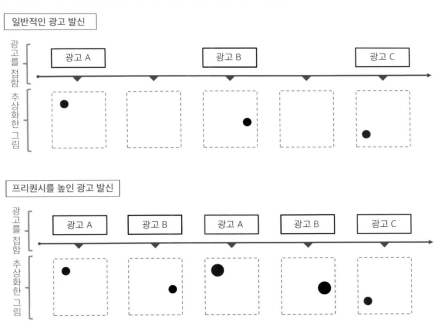

고객 여정에서는 사용자가 접한 키워드가 '1일째: A → 2일째: B, C → 3일째: D'와 같은 추이를 띌 때 각 키워드를 좌표 공간에 점으로 이미지화한 후 (0.1, 0.2, 0.7, 0.3 …)와 같이 벡터화했습니다. 플래닝한 메시지도 고객 여정과 완벽하게 동일한 구조를 갖고 있기 때문에 메시지의 특징을 벡터화하여 (0.1, 0.2, 0.7, 0.3 …) 처럼 유지할 수 있습니다. 이처럼 메시지의 특징을 벡터화하는 것은 다음 장에서 다룰 '누구에게 무엇을 전할 것인가?'를 예측하는 데 매우 중요합니다.

누구에게 무엇을 전할 것인가?

　앞선 예시에서 알 수 있듯이 사람에 따라 전하는 내용도 달라져야 합니다. 암반욕에 관심이 있는 사람이 대상이라면 처음부터 입욕장의 이름이나 장소 등을 전하면 됩니다. 반면에 온천에 관심이 있는 사람이 대상이라면 사무실 근처에서도 비슷한 수준으로 피로를 풀 수 있다고 전해야 합니다.

　그렇다면 그 중간 단계의 사용자를 대상으로는 어떤 메시지가 효과적일까요? 과연 온천을 언급할 필요가 있을까요? 모든 경우의 수를 따져 조합하는 것은 현실적으로 불가능합니다. 그러므로 각 사용자를 대상으로, 랜덤으로 플래닝한 개별 메시지를 발신하여 사용자의 행동 속성과 함께 레이블링합니다. 브랜드 관여 등을 학습용 레이블로 학습시켜 누구에게 어떤 내용을 전달해야 할지를 최적화할 수 있습니다. 이때 메시지의 내용이 벡터화되어 있으면 사용자 행동의 벡터와 메시지 내용의 벡터를 동시에 학습시켜서 정보의 최적화가 가능해집니다.

□ 자료 3-1-7 사용자의 행동 속성과 메시지의 구조를 동시에 학습시키기

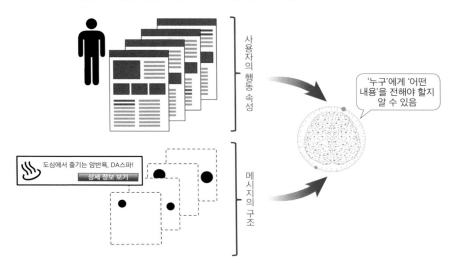

도달 효과 측정

광고한 브랜드에 흥미를 가지게 되었는가의 여부는 Web 광고라면 클릭을 추적하여 측정할 수 있습니다. 그렇다면 그 직전 단계인 '상품 자체를 알렸는가'에 대한 평가는 어떻게 할 수 있을까요? 클릭할 정도는 아니지만, 왠지 머릿속에 남아 있어서 연관 키워드를 검색하게 되는 상태, 즉 브랜드 관여도의 정도(일명 '브랜드 리프트')를 측정하면 해당 브랜드의 인지도 상승 여부를 확인할 수 있습니다. 자료 3-1-8은 어느 교육기관 관련한 광고를 할 때 그 광고를 접한 사용자가 직후에 어떠한 정보를 접했는지를 표기한 것입니다. 아이에 관한 정보에 접속량이 눈에 띄게 증가하는 것을 알 수 있습니다.

□ 자료 3-1-8 광고를 접함으로써 접속 정보가 변화

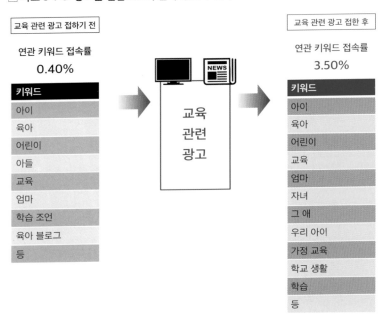

교육 관련 광고 접하기 전

연관 키워드 접속률
0.40%

키워드
아이
육아
어린이
아들
교육
엄마
학습 조언
육아 블로그
등

교육
관련
광고

교육 관련 광고 접한 후

연관 키워드 접속률
3.50%

키워드
아이
육아
어린이
교육
엄마
자녀
그 애
우리 아이
가정 교육
학교 생활
학습
등

이처럼 하나하나의 키워드를 정성적으로 평가할 수도 있습니다. 키워드는 모두 구조화되어 좌표로 저장되기 때문에 광고 접속 전후에 브랜드 주변 키워드의 접속이 얼마나 어떻게 변화했는지 계산함으로써 특정 지표에 따른 평가도 가능해집니다.

교육 관련 광고 접하기 전

아이
육아 어린이아들
교육 엄마학습 조언
육아 블로그

교육
관련
광고

교육 관련 광고 접한 후

아이
육아 어린이 교육
엄마 자녀
그 애우리 아이
학교 생활 학습

광고 플랫폼에 예산 분배를 어떻게 할 것인가?

지금까지 사용자에 관한 데이터를 자유롭게 취득할 수 있고 그 데이터에 대한 분석도 자유롭게 할 수 있으며, 사용자 한 명 한 명에게 직접 닿을 수 있는 상태에서의 AI 활용 방법에 관하여 설명했습니다.

그렇지만 실제로 Web 광고의 경우 Google이나 Facebook 광고와 같이 누구를 대상으로 어떤 광고를 내보낼지 지정할 수 없는 경우도 많습니다. 사실 지금까지 설명한 사용자나 메시지의 최적화는 이미 플랫폼상 어느 정도(꽤 깊이 있는 정도로) 이루어지고 있는 경우가 많습니다.

이 경우 광고 플랫폼에 어떻게 예산을 분배할 것인지 결정해야 합니다. 아주 간단하게는 광고를 집행해보고 비용 대비 효율이 높은 광고를 선택하는 방법도 있습니다. 하지만 앞서 이야기한 바와 같이 광고를 지나치게 노출할 경우 효과가 떨어집니다. 여기서 말하는 효과란 본질적으로 '진짜 홍보가 되었는가'라는 문제이지만, 실질적인 계측이 쉽다는 이유 등으로 인하여 클릭률을 활용하는 경우가 대부분입니다.

　참고로 일반적인 광고의 집행량과 효과의 관계는 자료 3-1-10과 같은 단조 감소의 곡선으로 나타납니다. 같은 사람을 대상으로 반복적으로 광고를 집행할 경우, 그저 광고에 익숙해질 뿐입니다. 또한, 광고 집행량과 효과의 곡선과 같이 단조 감소 하면서 0으로 수렴하는 곡선을 '베키의 법칙(멱함수)'으로 다가가게 하면 적은 계측 점만을 이용해서 모델을 만들 수도 있습니다.

□ **자료 3-1-10 광고의 집행량과 효과의 곡선(적은 숫자의 데이터로부터 곡선을 유추)**

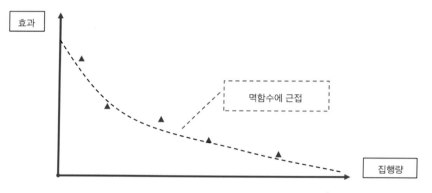

　이처럼 광고 집행 액수와 효과를 간단한 형태로 나타내는 것이 가능하기 때문에 비교적 간단한 로직으로 플랫폼별 최적의 집행량을 산출하는 것이 가능합니다.

　그렇다면 2개의 광고 플랫폼 A, B로 예를 들어 생각해봅시다. 광고 플랫폼 A와 B의 효과 - 집행량의 곡선은 자료 3-1-11처럼 나타납니다.

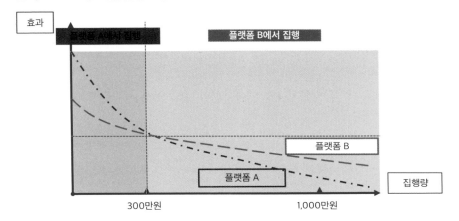

□ 자료 3-1-11 광고 플랫폼을 분류하는 최적의 솔루션 찾기

A는 집행량이 적을 때는 효율이 높지만 집행량 증가에 따른 효율 저하가 빠르며, B는 집행량이 적을 때 효율이 높지 않지만 집행량 증가에 따른 효율 저하가 크지 않습니다. A는 일부 양질의 사용자를 보유한 플랫폼, B는 재고 수가 많은 플랫폼이라고 생각할 수 있습니다.

여기서 1,000만원의 예산이 있을 때 집행량이 적을 때는 높은 퍼포먼스를 내는 A에 예산을 분배하고, A의 퍼포먼스가 B보다 낮아지는 지점이 되면 B로 전환하는 것이 가장 높은 광고 효율을 얻을 수 있는 전략입니다.

수학적으로 A와 B의 교차점을 계산하여 예산이 그 교차점보다 낮은 경우와 높은 경우를 나눠서 분배할 금액을 결정하는 방법도 있지만, 기계를 사용할 경우 10만원씩 그 당시에 가장 높은 효율을 내는 플랫폼에 나눔으로써 결과적으로 가장 높은 효과를 얻을 수 있습니다. 이 방법을 사용하면 광고 플랫폼이 2개일 때뿐만 아니라 3개 이상인 복잡한 경우에도 최적의 예산 배분을 할 수 있게 됩니다.

리얼 미디어 광고 범위의 최적화

여기까지는 디지털 미디어에 관한 이야기를 해보았습니다. 그러나 일본의 경우 대중을 대상으로 동시에 정보를 발신할 경우 4언론[11]을 포함한 리얼 미디어가 가장 효과적이므로 이 장에서는 리얼 미디어상의 광고 범위 최적화에 대하여 설명하고자 합니다.

디지털 미디어와 리얼 미디어의 가장 큰 차이는 광고 소재 교체의 즉시성입니다. 리얼 미디어에 광고비를 사용하는 기업 중에서는 복수 소재를 다루는 기업이 많으며, 광고 집행 시 미디어를 불문하고 어떤 타깃에게 어떤 상품의 광고를 얼마나 전할 것인지를 목표로 설정합니다. 디지털 미디어라면 집행하면서 '이상하네. 생각한 것보다 이 미디어에는 남성 방문율이 낮으니 다른 미디어의 남성 상품 광고 집행을 강화하자.'와 같은 조정이 가능합니다. 반면, 리얼 미디어의 경우에는 집행한 이후에는 소재를 바꾸는 것이 불가능하다는 이유로 어떤 광고 범위에 어떤 광고를 집행할 것인지를 사전에 결정해야만 합니다. 따라서 이 결정이 매우 중요합니다.

---

11 언론 4매체라고도 불리며, 광고의 주요 미디어로서 신문, 잡지, 라디오, TV 4가지를 가리킵니다.

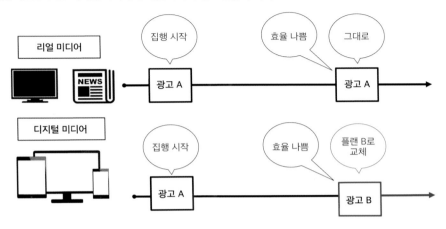

리얼 미디어의 경우 디지털 미디어(웹, 앱)와는 다르게 급하게 광고를 집행하고 싶어도 당일부터 게재할 광고란을 구매하기 어렵습니다. 구매해야 하는 광고란을 미리 정한 뒤 사전에 구매할 필요가 있습니다.

A~E라는 주부 대상의 5개 상품이 있다고 가정합시다. 상품 A~E는 모두 주부를 대상으로 하지만 타깃의 연령층과 목표 도달 수가 다릅니다.

상품 A: 연령층 25~29세, 목표 도달 수 10만명
상품 B: 연령층 30~34세, 목표 도달 수 15만명
상품 C: 연령층 35~39세, 목표 도달 수 10만명
상품 D: 연령층 40~44세, 목표 도달 수 20만명
상품 E: 연령층 45~49세, 목표 도달 수 10만명

20개의 광고란을 확보했다는 가정하에 각 광고란에 A~E 다섯 가지 상품을 배정

합니다. 각 광고란에 예상되는 타깃의 도달 수가 있습니다. 4번째 광고란을 접하는 타깃은 25~29세가 대부분일 경우, 상품 A의 광고를 싣는 것이 효과적입니다. 한편, 8번째 광고란은 35~39세가 많이 본다고 가정합시다. 그렇지만 8번째 광고란을 보는 사람이 가장 많다면, 타깃군과 일치하는 상품 C를 배정하는 것보다 목표 도달 수가 가장 많은 상품 D를 배정하는 것이 최종 목표 달성에 가까워지는 방법일지도 모릅니다.

이처럼 어떤 상품을 배정할지 밸런스를 생각하여 조정할 필요가 있습니다. 전체 목표 수를 고려하면 단순하게 광고란 1개를 대상으로 한 평가로 배정할 수 없습니다. 목표 도달 수 달성은 모든 광고란에 상품을 분배했을 때 비로소 알 수 있습니다.

☐ 자료 3-1-13 광고 집행량을 최적화하는 알고리즘

	상품 A 25~29세 목표: 10만명	상품 B 30~34세 목표: 15만명	상품 C 35~39세 목표: 10만명	상품 D 40~44세 목표: 20만명	상품 E 45~49세 목표: 10만명
광고란 1	속성: ◎ 도달 수: ×	속성: ○ 도달 수: ×	속성: △ 도달 수: ×	속성: × 도달 수: ×	속성: × 도달 수: ×
광고란 2	속성: ◎ 도달 수: ×			속성: △ 도달 수: ×	속성: × 도달 수: ×
광고란 3	속성: △ 도달 수: ○	최적의 배정		속성: ◎ 도달 수: ○	속성: ○ 도달 수: ◎
광고란 4	속성: ◎ 도달 수: ◎	속성: ○ 도달 수: ◎	속성: △ 도달 수: ◎	광고란 8에 C와 D중 어떤 상품을 배정해야 할까?	
광고란 8	속성: × 도달 수: ◎	속성: △ 도달 수: ◎	속성: ◎ 도달 수: ◎	속성: △ 도달 수: ◎	속성: × 도달 수: ◎

그렇다면 최적으로 배분하기 위하여 모든 패턴을 계산해 봅시다. 5개의 상품과 20개의 광고란이 현실적인 예시가 아니라는 생각을 할 수도 있지만, 실제로 계산해보면 광고란 1에 5개의 상품, 그다음 광고란에 또 5개의 상품이므로 $5 \times 5 = 25$이며, 이 방식으로 계산해 나갈 경우 5의 20승 약 100조에 근접한 경우의 수가 존재하는 것을 알 수 있습니다. 1개의 패턴을 계산하는데 100분의 1초가 걸린다고 해도, 1조 초= 약 200만년이라는 시간이 걸립니다.

그렇다면 어떤 광고란에 어떤 상품 광고를 집행해야 할지 최적의 조합을 간단하게 알아내는 방법은 없을까요?

이처럼 많은 양의 조합 중 '최고'는 아닐지언정, '계산량에 비해 훌륭한' 결과를 얻는 방법이 있습니다. 바로 '메타휴리스틱스(Metaheuristics)'라고 하는 방법입니다. 예를 들어 액체 상태의 마그마가 식는 과정에서 현재의 지구의 상태가 된 것이 에너지 관점에서는 가장 안정적이라고 단언할 수는 없지만, 나름대로 안정적인 상태라고 볼 수 있습니다. 또한 생명의 진화 과정에서 사람이 되는 과정 역시 다른 진화 방향이 있을 수 있었지만, 어느 정도 정답이라고 말할 수 있을 것입니다. 이는 예측할 수 없을 정도의 갈래 중에서도 '나름대로 괜찮은 상태'가 된 것이며, 이를 계산으로 찾아내는 것이 메타휴리스틱스입니다.

특히 인간으로 진화한 예시는 이번 광고란에 상품을 배정하는 과정과도 매우 흡사한 패턴입니다. 인간을 구성하는 단백질은 약 5,000개의 아미노산으로 구성되어 있습니다. 아미노산은 20종류 가까이 있기 때문에 단백질의 패턴은 약 20의 5,000승만큼 존재합니다. 모든 패턴을 비교하면 지금 인간보다도 이상적인 조합이 만들어질지도 모르지만, 인간의 신체는 나름 안정적입니다. 단백질이 광고란, 아미노산이 상품이라고 가정하면 조금 전 설정과 완벽하게 동일합니다. 20의 5,000승과 비교하면, 지금 풀어야 하는 5의 20승은 메타휴리스틱스 방법을 이용하면 간단히 해결할 수 있을 것 같습니다.

생명이 진화해온 과정을 모방하여 최적의 조합을 찾는 '유전적 알고리즘'이라는 방법이 있습니다. 유전자는 염기라고 불리는 4종류의 물질의 연결로 이루어져 있습니다. 그리고 이 연결에 따라서 특정 생물이 어떤 생물인지가 결정됩니다. 생물은 결혼 시 유전자의 일부를 교환하지만, 모든 생물이 유전자를 남길 수 있는 것은 아닙니다. 강한 생물일수록 살아남아 결혼하여 다음 세대에 유전자를 남길 가능성이 커지며, 약한 생물은 도태되어 다음 세대로 유전자를 남길 수 없게 됩니다. 강한 부부 사이에서 난 아이의 유전자는 더욱 강해질 가능성이 높습니다. 약한 유전자의 경우 도태되기 때문에 결과적으로 강한 생물의 특징이 대대로 남겨지게 됩니다. 그러나 천재지변 등으로 인해 지구상에서 강함의 의미가 변할 경우에는 한 가지 강함만을 좇아서는 대응할 수 없습니다. 생명은 이러한 상황에 대처하는 방안도 가지고 있습니다. 가끔 유전자에 버그가 발생해 일부가 재작성 되는 경우, 즉 돌연변이가 생길 경우에는 지금까지와는 다른 방향으로 진화하는 아이를 남김으로써 다양한 상황에 대응할 수 있게 됩니다.

☐ 자료 3-1-14 유전으로 점점 더 강해지기

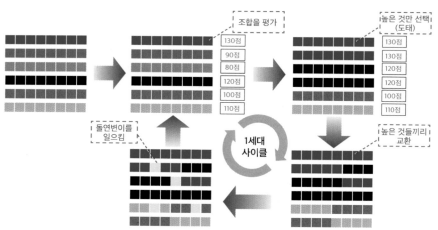

광고를 배정할 때에도 같은 로직을 사용할 수 있습니다. 하나의 생물의 유전자는 어떤 란에 광고를 배치하는가와 연결하여 생각합니다. 먼저 무작위로 하나의 세대를 생성하여, 같은 선상에 있는 타깃을 대상으로 '생물의 강한 정도'가 어디까지 도달할지를 계산합니다. 계산에 기반하여 이번 세대 중 강력한 배치를 결정하고, 약한 배치는 도태시킵니다.

예를 들어, 제1세대를 생성하여 상위 30%의 강력한 배치를 남겨둡니다. 그리고 상위 배치끼리 유전자를 교환하여 나머지 70% 세대를 보완합니다. 나아가 70%의 세대 중 일부를 돌연변이로 만듭니다. 이 과정을 몇 세대 간 이어감으로 인해 갈수록 '나름대로 괜찮은 값'을 얻을 수 있습니다. 얼마나 빠르게 예측할 수 있을지를 일반화하기는 어렵습니다. 다만 이번과 유사한 설정으로 실험을 한 결과 무작위로 10만개의 배정 패턴으로 달성률을 계산한 경우 달성률이 50%에 불과했지만, 1세대에 500개의 유전자가 있는 상태에서 200세대, 총 10만개의 배정 패턴을 계산하니 달성률이 95%의 육박하여 같은 계산량이라 할지라도 눈에 띄게 높은 결과를 얻을 수 있었습니다.

□ **자료 3-1-15 광고의 배정 표와 실제 예측 속도**

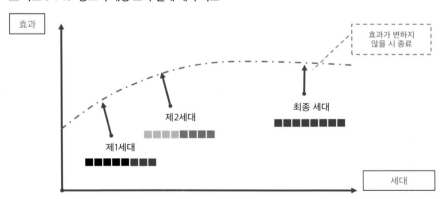

배너 자동 생성의 실현성

지금까지는 누구에게 무엇을 전할지를 주제로 이야기해 보았습니다. 그러나 광고는 실제 모형이 없는 개념이 아닌, 실제 모형을 가지는 창작물로써 사람의 눈에 노출됩니다. 크리에이티브 작성이라는 영역에도 AI가 활용되기 시작했습니다. 기존의 기술로는 동영상이나 웹사이트와 같이 복잡한 크리에이티브를 자동으로 생성하는 것은 불가능하지만, 사진, 일러스트 및 광고 문구의 조합과 같은 배너 정도는 꽤 높은 수준으로 가능하게 되었습니다.

▌특징을 조합하여 새로운 것 만들기

딥러닝이 기존의 머신러닝과 다른 점은 데이터로부터 특징을 추출하는 것이라고 설명했습니다. 존재하는 데이터의 특징을 추출하고, 추출한 특징으로부터 원 데이터를 복원, 반복적으로 학습하여 더욱 명확하게 특징을 익힐 수 있습니다. 원래는 특징을 파악하여, 다소 상태가 변하더라도 유연하게 판단할 수 있도록 하자는 발상으로 실시되었습니다. 하지만 '특징으로부터 원 데이터를 복원'하며 학습한다면 거꾸로 특징만 전달해도 거기서부터 원 데이터를 만들 수 있다는 것입니다.

참고로 조금 기술적인 이야기지만 특징을 조합하는 것만으로는 현실적으로 사용 가능한 이미지를 생성할 수 없습니다. 이는 커다란 특징을 파악했을 뿐, 상품으로 내세울 수 있는 수준의 이미지가 아니기 때문입니다. 그래서 이처럼 특징만을 파악하여 생성한 이미지를 '이 이미지는 상품 레벨, 즉 다른 이미지와 동등한 수준이 아니다'와 같은 판단을 하는 AI를 준비합니다. 이 AI에게 생성용 AI가 만든 이미지와 기존에 존재하는 이미지의 다른 점을 판정하도록 학습시킵니다. 한편 이미지를 생성하는 AI는 검사용 AI로부터 탈락하지 않도록 학습합니다. 이는 'GAN(Generative Adversarial Network)'이라고 불리는 것으로 딥러닝 방법 중 많은 주목을 받고 있습니다. 생성하는 AI와 검사하는 AI가 서로 적대적 관계를 갖고 절차 탁마하여 세상에 내놓을 수 있는 이미지를 자동으로 생성할 수 있게 됩니다.

☐ **자료 3-1-16 GAN의 개요**

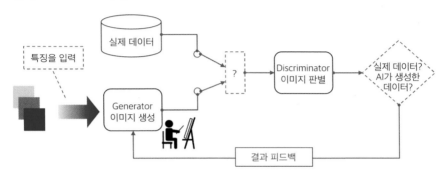

▌ 이미지 스타일 바꾸기

사전에 막대한 데이터를 학습시켜 그 이미지가 어떤 것인지를 분류할 수 있는 딥러닝이 있습니다. 이것으로 특별히 어떤 일들을 할 수 있는 걸까요?

무엇이 좋은 것인지 느껴보기 위해 자료 3-1-17 일러스트를 살펴봅시다. 어느 쪽이 집으로 보이나요?

두 일러스트는 공통적인 특징을 가지고 있으며, 모두 '집'이라고 인지가 가능합니다. 오른쪽 그림은 색이 입혀지지 않은 이미지임에도 불구하고 충분히 집이라는 것을 알 수 있습니다. 딥러닝에서도 이와 같은 일이 일어납니다. 딥러닝의 깊은 층은 분류를 위한 특징, 즉 형태 부분을 강하게 파악하고 있습니다. 하나의 이미지로부터 형태에 관련된 특징, 그리고 또 다른 이미지로부터는 스타일에 관련된 특징을 추출하고 다음으로는 그 형태와 스타일의 특징을 함께 접목하여 새로운 특징을 만들어내어 그 특징으로부터 새로운 데이터를 생성하면 양쪽을 모두 반영한 이미지를 만들 수 있습니다. 조금 과격하지만, 파악한 형태에 관련된 특징을 제거하면 스타일의 특징이 드러나게 됩니다.

이 기술을 활용하면 배너 사진의 스타일만 수선화 풍이나 애니메이션 풍으로 바꾸어 로토스코프 같은 표현을 하거나, 일러스트를 사진과 같이 현실적으로 표현할 수 있습니다. 또한 인물을 야채로만 표현하여 아르침볼도 풍으로 표현할 수도 있습니다.

□ 자료 3-1-18 고흐나 뭉크 스타일로 바꾸기

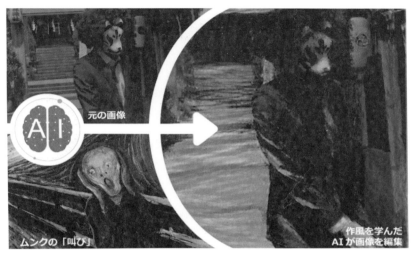

출처: http://www.data-artist.com/news/p20170711.html

최신 기술로는 전체 스타일 변경뿐만 아니라 부분별로 스타일을 학습하여 각 부분에 걸맞은 스타일로 변경할 수도 있습니다. 자료 3-1-19를 살펴보면, 머리카락을 제대로 인식하여 나눌 수 있다는 것을 알 수 있습니다.

□ 자료 3-1-19 부분별 스타일 변경

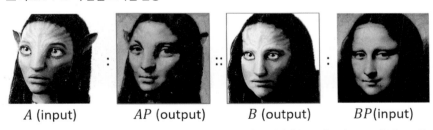

출처: Visual Attribute Transfer through Deep Image Analogy (2017/5/2() https://medium.com/@Synced/visual-attribute-transfer- through-deep-image-analogy-6f0ffa5e9e09)

한발 더 나아가 스타일의 특징끼리만 결합하는 것이 아닌 형태의 특징끼리도 결합할 수 있습니다.

선글라스를 낀 여성의 이미지를 만들고 싶다면 어떻게 하면 좋을까요? 가장 간단한 방법은 선글라스 이미지를 여성의 이미지에 합성하는 것이라고 생각하기 쉽습니다. 하지만 선글라스 그 자체를 보여주는 것만으로 AI는 이를 어떻게 착용해야 하는지 알 길이 없습니다. 그래서 선글라스를 착용한 사람의 특징을 학습시킬 필요가 있습니다. 그러나 선글라스를 착용한 남성의 특징과 선글라스를 착용하지 않은 여성의 특징을 결합하면 남성과 여성의 특징이 혼재되어 버립니다. 그러므로 '사람이 착용하고 있는 선글라스의 특징' = '선글라스를 착용한 남자' - '선글라스를 착용하지 않은 남자'와 같이 특징을 덜어내야 합니다. 그렇게 얻은 '사람이 착용한 상태의 선글라스 특징'을 '여성의 특징'과 결합함으로 인해 선글라스를 착용한 여성의 이미지를 생성할 수 있게 됩니다.

□ 자료 3-1-20 특징의 빼기와 더하기

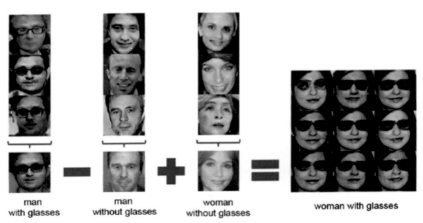

man
with glasses

man
without glasses

woman
without glasses

woman with glasses

출처: Unsupervised Representation Learning with Deep Convolutional Generative Adversarial Networks (https://arxiv.org/ abs/1511.06434)

이런 그림을 그려달라고 주문하기

지금까지의 방법은 이미지의 특징만을 학습하는 방법이었습니다. 하지만 사람은 이미지만 보는 것이 아니라 '이것은 사자', '이것은 호랑이'와 같이 단어와 개념을 연결하며 학습합니다.

☐ 자료 3-1-21 단어와 개념을 동시에 배우기

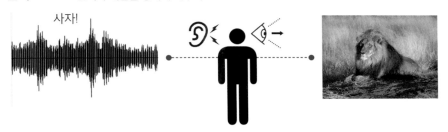

이처럼 이미지뿐만 아니라 이미지의 설명문을 동시에 학습함으로써 그 단어가 지니고 있는 의미를 개념과 함께 학습할 수 있게 됩니다. 또한, 단어 단위의 학습이 아닌 데이터의 구조화로 설명한 단어의 연결, 즉 문장의 특징과 이미지의 결합이라는 학습을 반복함으로써 '타자를 향해 공을 던지는 투수'와 같은 관계성을 제대로 파악한 이미지를 생성할 수 있습니다.

그러나 텍스트 정보이기 때문에 AI로 이미지를 생성한다고 해도 처음부터 최적화된 이미지를 완성하기는 어렵습니다. 이것은 몽타주를 스케치하는 것과 닮아있습니다. 먼저 머리 모양이나 각 부분의 특징을 물어 '이런 인상입니까?'라고 스케치를 합니다. '좀 더 얼굴이 커요', '여기에 점이 있어요' 등 수정 사항을 취합하여 최종적으로 몽타주를 완성합니다. 실제로 텍스트로부터 고화질 이미지를 생성하는 AI도 내부를 살펴보면 첫 스케치를 하는 AI, 그리고 이를 바탕으로 수정해나가는 AI, 두 분류로 나누어져 있습니다.

1. 문장을 입력

2. 스케치를 생성

3. 대충 그려진 그림을 고화질로

Figure 5. Samples generated by our StackGAN from unseen texts in CUB test set. Each column lists the text description, images generated from the text by Stage-I and Stage-II of StackGAN. To illustrate the capability of StackGAN on generating diverse images, those examples are selected from different classes. State-II GAN is able to correct defects and completing details of the Stage-I results for both foreground objects and background.

출처: StackGAN: Text to Photo-realistic Image Synthesis with Stacked Generative Adversarial Networks (https://arxiv.org/pdf/1612.03242.pdf)

앞서 이야기한 바와 같이 지금은 기존의 이미지와 비교했을 때 손색이 없는지를 학습하고 있지만, 이것이 광고의 결과와 결합되면 클릭을 유도하는 이미지 수준을 학습하여 이미지를 생성할 수 있게 될 것입니다.

3-2 '관심을 갖게 하기' 위한 AI 활용

전 장에서는 '알리기' 위한 광고의 구조와 AI를 활용하는 방법을 설명했습니다. 이번 장에서는 '알리기'에 성공한 후에 어떻게 하면 '관심을 갖게 하기' 단계로 넘어갈 수 있는지와 AI를 활용하는 방법에 대해서 설명해보고자 합니다.

'알리기'와 '관심을 갖게 하기'의 차이

'알리기'와 '관심을 갖게 하기'의 마케팅 노하우는 크게 차이가 나지만 데이터를 활용하는 방법의 기본적인 부분은 유사합니다. 광고에 대한 설명에서도 이야기한 바와 같이 '알기' 전후에 사용자가 접한 키워드를 분석하여 제대로 인식한 사람과 그렇지 않은 사람의 차이를 기반으로 콘텐츠를 작성하는 사용자 베이스의 방법은 인지와 관심 두 단계 모두에서 적용이 가능합니다.

단, 데이터의 활용 방법 이외에 단순히 인지하는 것과 관심을 갖게 되는 것 사이에는 큰 차이가 2가지 있습니다. 첫 번째로 관심을 가지게 되는 경우는 비교되는 경쟁상대가 있다는 점입니다. 또 하나는 관심을 갖게 하기 위해서는 더욱 깊이 있는 커뮤니케이션이 필요하다는 점입니다. 각각에 대하여 구체적으로 설명해보도록 하죠.

	경쟁 존재 여부	커뮤니케이션 깊이
알리기	경쟁 유무에 관계 없이 알게 된다	브랜드 이름을 알리면 좋다
관심을 갖게 하기	가장 관심을 갖게 하는 것이 중요하다	상품의 내용을 이해하게 할 필요가 있다

'관심을 갖게 하기' 위해 습득해야 하는 정보

먼저 첫 번째인 '경쟁 상대가 있는 경우'에 대해 생각해 봅시다. 단순히 자사를 알리기 위한 경우에는 메시지가 사용자에게 전달되면 목적이 달성되었다고 볼 수 있습니다. 하지만 관심을 갖게 하기 위한 단계에서는 이미 인지하고 있는 다른 회사와 콘텐츠의 내용이나 그 풍성함이 비교될 것입니다.

그래서 먼저 경쟁 관계에 있는 타사의 콘텐츠를 파악해야만 합니다. 어떠한 콘텐츠가 있는지 데이터를 취득하기 위해서는 경쟁사가 정보를 내보내고 있는 사이트의 HTML로부터 정보를 추출하여, 그 정보를 '2-1 가시화된 수요에 부응하기 위한 프로세스의 개요(52p)'에서 설명한 정보의 구조화 기술을 사용하여 데이터를 정리합니다. 그렇게 하지 않더라도 사용자의 정보를 취득하고 있다면 결과적으로 중요도가 높은 경쟁 콘텐츠 정보를 취득할 수 있다고 생각할 수도 있습니다. 하지만 경쟁사가 발신한 정보를 많은 사용자들이 보고 있는지, 그것이 중요한 콘텐츠인지 판별하기 전까지는 시간이 걸리기 때문에 조금이라도 빠르게 경쟁사의 정보를 취득한다는 의미에서는 사이트 등으로부터 정보를 수집하는 것이 중요합니다.

경쟁사의 정보와 더불어 세간에서 주목을 받고 있지만 업계에서는 아직 콘텐츠로 만들어지지 않은 정보를 빨리 파악할 수 있다면 경쟁사보다 앞서 나갈 수 있습니다. 이때는 뉴스 사이트 등에서 데이터를 취합해야 합니다. 즉 다양한 정보 소스를 활용함으로 인해서 자사의 정보를 접하고 있는 사용자의 다양한 관심을 끌 수 있다는 것입니다. 자사 정보의 발신 상태, 경쟁사의 정보 발신 상태, 세간의 화제성 등을 기반으로 각각의 상태에서 정보를 어떻게 해석하여 어떤 방법을 접목할 것인지를 자료 3-2-2를 예시로 생각해봅시다.

정보 1은 세간에서 화제가 되는 내용을 자사도 경쟁사도 콘텐츠화하고 있기 때문에 차별화가 어렵습니다. 정보 2는 자사만이 정보를 발신하지만 별로 화제가 되지 못하기 때문에 장기적으로 정보를 꾸준히 내보내 세론을 만들어 가거나, 정보 발신을 멈출 것인지를 판단해야 합니다.

정보 3은 화제가 된 콘텐츠를 경쟁사는 다루고 있고, 자사는 다루지 못하고 있습니다. 이 경우 즉각적으로 대응할 필요가 있습니다.

정보 4는 화제가 되고 있는 콘텐츠를 자사도 경쟁사도 다루고 있지 않기 때문에 이 타이밍에 정보를 빠르게 내보낼 수 있다면 경쟁사 대비 차별화가 가능해집니다.

정보 5는 화제가 되고 있는 콘텐츠를 자사만 다루고 있기 때문에 경쟁사가 따라붙기 전에 콘텐츠를 확충하여 그 영역에 있어 자사가 넘버원이 될 수 있는 기회입니다.

□ 자료 3-2-2 다양한 정보 소스 커버하기

	자사	경쟁사	세간의 화제성
정보 1	○	○	○
정보 2	○	×	×
정보 3	×	○	○
정보 4	×	×	○
정보 5	○	×	○

긴 문장의 자동 생성

이어서 두 번째 차이인 '깊이 있는 커뮤니케이션'에 대해 생각해봅시다.

전 장의 배너 자동생성의 실현성에서 설명한 바와 같이 광고 문구와 그에 어울리는 이미지를 조합함으로써 배너를 자동생성합니다. 다만 관심을 갖게 하기 위해서는 배너와 같이 정보량이 적은 것보다 더 많은 정보를 사용자에게 전달할 필요가 있습니다. 즉 서비스에 대해 자세하게 기재한 기사와 같이 정보량이 많은 콘텐츠의 자동생성이 요구됩니다.

필자의 조사에 따르면 일본어로는 기사 자동생성이 가능한 수준까지 연구가 진행되지 않고 있습니다. 하지만 편집자가 검토하여 교정한다면 나름 자동화할 수 있는 수준까지 도달했으며 실용화도 되어 있습니다.

여기서는 필자가 제안한 방법으로 가장 정확도가 높은 일본어 문장의 자동생성에 대해 소개해보고자 합니다. 이 방법은 3가지 단계로 구성되어 있습니다. 첫 번째 단계에서는 문장에 반드시 포함되어야 하는 키워드의 순서를 정하고, 두 번째 단계에서는 키워드에 대한 짧은 문장을 생성한 후, 세 번째 단계에서는 짧은 문장의 연결을 전체적으로 확인하여 자연스러운 문장으로 만듭니다.

□ 자료 3-2-3 문장의 자동생성 단계

▌먼저 큰 흐름 만들기

긴 문장을 자동생성하기 위해서는 먼저 아웃라인을 정해야 합니다. 세간에서 화제가 되고 있으며 동시에 경쟁사에서 발신하지 않은 정보가 문장에 들어가야 하는 키워드의 중심이 됩니다. 더욱이 2-2의 '단어에 의미 부여하기(70p)' 항목에서 설명한 관련 단어 취득 방법을 활용하여 더욱더 많은 키워드를 추출합니다. 단, 이것만으로는 효과가 낮은 키워드까지 포함하기 때문에 3-1의 '누구를 대상으로 광고할 것인가?(90p)' 항목에서 설명한 클릭을 유도하는 메시지 설계 방법을 참조하여 효율이 높은 키워드를 뽑아냅니다. 이와 같은 방법으로 사용자가 관심을 가질

만한 키워드를 축약한 정보를 얻을 수 있습니다.

이 정보로부터 기사를 자동생성하기 위한 정보 설계를 시행합니다. 여기서 정보 설계란 어떠한 키워드를 어떤 순서로 배치할지를 말합니다.

기사에 넣어야만 하는 키워드 중에서 먼저 두 가지 조합을 생각해봅시다. 예를 들어 '안전성'과 '가격'이라는 키워드가 있는 경우, 이 두 가지 키워드 중 지금까지 자사가 작성한 기사나 경쟁사 콘텐츠 등에서 어떤 키워드가 먼저 등장하는 경우가 많은지의 확률을 계산합니다. '먼저 안전성이 보장된 후에야 가격에 대한 의논을 시작할 수 있다.'와 같은 기사가 많다면 안전성이 가격보다 먼저 등장하는 확률이 높다는 결과를 얻을 수 있습니다.

□ **자료 3-2-4 어느 쪽이 먼저 언급되기 쉬운지의 확률 계산 방법 개요**

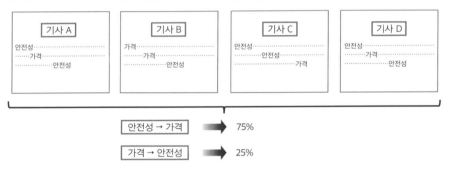

기사에 넣어야 하는 모든 키워드를 대상으로 '어떤 단어가 먼저 등장하는지의 확률'을 계산합니다. 예를 들어 20개의 키워드가 있다면 20개로부터 2개를 골라 '경우의 수' 등으로 190여 가지의 '어떤 단어가 먼저 등장하는지의 확률'을 계산할 수 있습니다. 이처럼 조합에 대하여 모순을 최소화하기 위해 기사에 포함된 순서를 계산합니다. 최적화 문제를 풀어낼 시에도 전 장에서 설명한 메타휴리스틱 등의 방법을 활용할 수 있습니다. 20개의 키워드를 하나씩 넣어가며 가장 모순이 없는 상태로 수렴하는 계산을 시행합니다.

□ 자료 3-2-5 순서 모순을 자동으로 해결하는 알고리즘 개요

▎큰 흐름을 따라 짧은 문장 만들기

어떤 키워드를 어떤 순서로 배치해야 할지를 정하고 나면 각 키워드를 위주로
한 문장을 생성합니다. 문장을 만드는 가장 심플한 방법은 그 키워드가 포함되어
있는 문장을 문서로부터 추출하는 것입니다.

여기에 딥러닝을 활용하면 문장을 단순하게 추출할 뿐만 아니라 문장의 기본적
인 구조를 AI에게 이해시켜 문장을 생성하도록 할 수도 있습니다. 그중 하나의 방
법인 'RNN(Recursive Neural Network)'에 대해 설명하겠습니다. 'Recursive'란 재귀적
이라는 의미로 출력한 결과를 다시 사용하는 것을 나타냅니다. 이 경우 RNN이 학
습할 대상은 막대한 문장의 모음입니다. 입력할 것은 문장의 일부로, 출력은 그 문
장에 이어지는 다음 문자와 단어입니다. 예를 들어 처음에는 문장 1~50자까지를
입력하고, 51번째 문자를 예측하고, 다음으로 2~51자를 입력하고, 52번째 문자를
예측하게 하는 것을 반복하여 다음으로 이어질 문자의 예측 정도를 높이도록 학
습해 나갑니다. 전 문장의 정보가 네트워크 속에 남아있는 상태로 다음 문장이 입
력되기 때문에 문맥을 더해가며 문장을 생성할 수 있는 방법입니다.

□ 자료 3-2-6 한 글자씩 작성하여 전 정보가 남아있는 상태로 학습 시키기

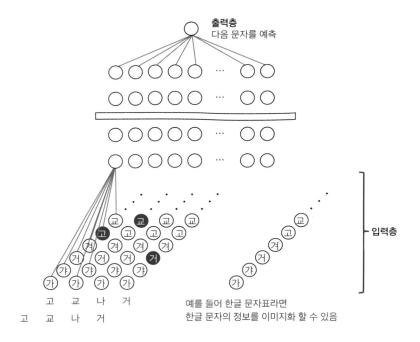

이렇게 함으로써 인간이 '옛날 옛적 어느 마을에'라고 하는 문구 다음으로 이어 질 문자가 '할아버지와 할머니가'의 '할'이겠구나, 나아가 그다음은 '아'겠구나 하고 예측하여 문장 전체를 떠올리는 것과 같은 상태로 만들 수 있습니다.

학습이 끝난 RNN에 '옛날 옛적 어느 마을에'라는 문자열을 입력하면 '할'을 출력 후 원래의 문장에 더하여 '옛날 옛적 어느 마을에 할'과 같은 입력을 만들어내고, 다음으로 '아버지와 할머니가'의 '아'를 예측하게 됩니다. 이 과정을 몇 번인가 반 복하는 사이 문장이 완성됩니다.

자료 3-2-7 RNN이 문장을 만드는 모습

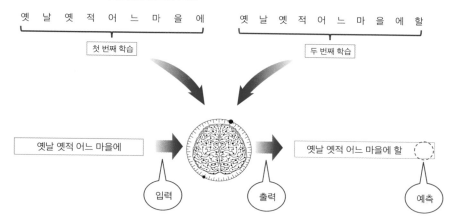

자료 3-2-8은 RNN이 실제로 학습한 과정을 나타냅니다. 학습 횟수가 늘어남에 따라 점점 단어와 문법을 인식하게 됩니다.

자료 3-2-8 RNN이 실제 출력한 문장

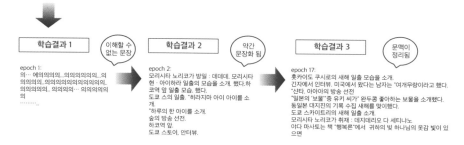

실제 학습 데이터

인도네시아 코모도 국립 공원은 코모도 드래곤 등 이곳밖에 없는 희귀 동물들이 많이 있다. 특별 수배된 옴 진리교의 히라타 마코토 용의자가 밤 늦게 마루노우치 경찰서에 출두했다. 경찰은 히라타 용의자를 조사하고 곧 체포 할 방침이다.
모리시타 노리코가 방문한: 피렌체
이 후에는 독특한 세계 유산을 소개.
모리시타 노리코가 전생 투시 취재로 방문: 교토
이집트에서 아스완 하이 댐이 만들어 졌을 때 고대의 신전 몇 군데가 물에 잠겼다. 이로 인해 아부심벨 신전 등을 다른 위치로 옮겼다. 이것이 세계 유산 조약 탄생의 계기가 되었다. 불과 12개 장소에서 시작된 세계 유산은 현재 베르사유 궁전 등 936개.
특별 수배된 옴 진리교의 히라타 마코토 용의자가 밤 늦게 도쿄 마루노우치 경찰서에 출두했고, 경찰은 조금 전 히라타 용의자를 체포했다.
총 4 회에 걸쳐 '행복'에 관한 책을 소개. 이번 회에서는 앨런의 '행복론'에 대해 방송한다. 독특한 세계 유산을 소개. 스위스의 레티세 철도의 선로는 세계 유산이다. 스페인에 있는 산 파우 병원은 장난기 넘치는 색상이 넘치는 공간이 펼쳐져 있어 환자들의 마음을 편안하게 해준다. 마루노우치 경찰서에서 중계. 야마구치 미치루가 옴 진리교의 히라타 마코토 용의자가 출두 한 것에 대해 리포트. 경찰에 의하면 어젯밤 11시 50분경 히라타 용의자는 혼자서 마루노우치 경찰서에 출두했다.

학습결과 1 — 이해할 수 없는 문장

epoch 1:
의… 에의의의의…의의의의의의…의 의의의의의…의의의의의의의의의의의. 의의의의의…. 의의의의의의의의의의 의 ………

학습결과 2 — 약간 문장화 됨

epoch 2:
모리시타 노리코가 방일 : 데데데. 모리시타 현 · 아이하라 일출의 모습을 소개. 했다.하 코역 앞 일출 모습.
도쿄 스의 일출. "히라지마 아이 아이 아이 소개.
"하루의 한 아이을 소개.
숲의 방송 선전.
하코역 앞.
도쿄 스토이, 안터뷰.

학습결과 3 — 문맥이 정리됨

epoch 17:
홋카이도 쿠시로의 새해 일출 모습을 소개.
긴자에서 인터뷰. 미국에서 왔다는 남자는 "여개무랑이라고 했다.
"산타. 아아아의 방송 선전
"일본의 '보물"중 유키 씨가" 완두콩 좋아하는 보물을 소개했다.
동일본 대지진의 기록 수집 새해를 맞이했다.
도쿄 스카이트리의 새해 일출을 소개.
모리시타 노리코가 취재 : 데지데리오 다 세티나노
아다 마사토는 책 '행복론'에서 귀하의 빛 하나님의 옷감 빛이 있으면 그렇다면 구체적으로 RNN이 어떤 네트워크 구조를 가졌는지 살펴봅시다. 기본적인 구조는 지금까지 소개한 딥러닝과 거의 동일합니다. 데이터를 1문자씩 틀어지게 입력함으로써 그것이 과거의 문맥으로 네트워크에 도입되는 구조를 실현하고 있습니다. '1-1 다시금 주목받는 AI(14p)'에서 딥러닝의 네트워크 내부의 각 뉴런(숨은 층 속의 뉴런)은 입력으로부터 추출된 특징에 부합한다는 것을 설명했습니다. 문장 자동생성의 경우 입력으로부터 가장 가까운 뉴런이 어떤 뉴런과 연결되어 있는지를 차근차근 살펴보면 각 뉴런이 빈출 단어와 연결되어 있음을 알 수 있습니다. 실제로 RNN으로부터 문법적으로 큰 실수가 없는 문장이 생성되고 있음을 고려하면 더욱더 깊은 층에서는 단어 간 배치 및 연결 등의 연어(함께 사용되는 빈도가 잦은 단어와 단어)나 문법 등의 특징을 파악하고 있으리라 생각합니다.

☐ **자료 3-2-9 RNN 네트워크에서 얕은 층은 단어, 깊은 층은 문법 및 문맥을 학습**

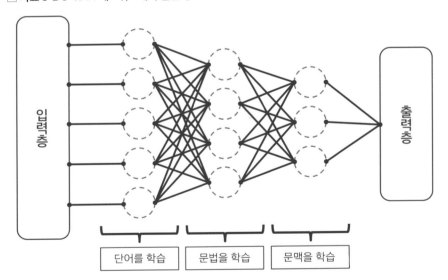

그렇다면 실제로 글을 생성하는 방법에 관해 설명해봅시다. 먼저 RNN에 데이터를 넣어 학습시킵니다. 자사 미디어의 정보가 막대한 경우 그 정보만으로 학습을 진행할 수 있습니다. 정보가 불충분한 경우에는 일본어의 기본적인 문법을 학습시킬 수 없습니다. 필자의 경험으로는 먼저 아오조라문고[12] 등을 통해 인터넷상에 공개되어 있는 일반적인 문장을 100권 정도 입력하여 일본어 문법을 학습시킨 후에 업계 개별지식을 얻기 위하여 자사 미디어의 정보를 학습시키는 방법이 안정적인 결과를 가져온다고 생각합니다. 이 경우 자사 미디어의 동일 기사를 여러 번 학습시켜 아오조라문고를 통해 학습한 특징적인 표현을 덮어씁니다.

이렇게 얻은 RNN(학습 모델)을 활용하여 첫 번째 키워드에 대한 문장을 생성합니다. 첫 번째 키워드는 그 키워드의 전 문장이 없기 때문에 '이것은 문장의 시작이다.'라고 예상하고 결과를 출력합니다. 그리고 첫 번째 키워드에 관한 단문을 생성했다면, 다음으로는 '생성한 문장 + 두 번째 키워드'를 입력합니다. 이어서 두 번째 키워드 전에 첫 번째 키워드로 만든 문장이 있는 상태로 예측하기 때문에 지금까지의 문맥을 고려한 결과가 출력됩니다. 이를 반복합니다. 학습 시 네트워크의 수정이 빠른 영역과 느린 영역을 의도적으로 만듦으로 인해 단기적인 문맥과 장기적인 문맥의 문장을 생성하는 방법을 'LSTM(Long Short Termr Memory)'이라고 합니다. 이는 RNN의 개선된 버전이라고 볼 수 있습니다.

---

12 저작권이 만료된 작품이나 애초에 저작권이 없는 문장 등을 누구든지 접근할 수 있게 모아둔 인터넷 전자도서관.
   (http://www.aozora.gr.jp/)

□ 자료 3-2-10 짧은 문장을 만들어 키워드를 더하여 재귀적으로 반복시키며 문장으로 만들기

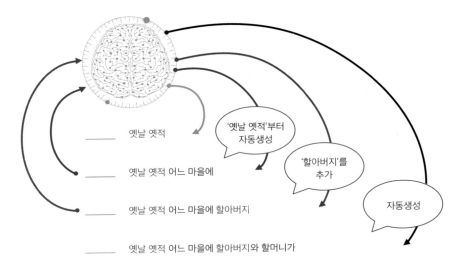

▌전체 문장의 밸런스 맞추기

입력한 키워드와 그 순서가 정리된 후에야 RNN으로 틈새를 메우며 문장을 생성하므로 이 단계에서도 나름대로 의미가 통하는 문장을 만드는 것이 가능합니다. 하지만 처음부터 문장을 작성하기 때문에 후반부는 그 전까지의 문맥을 잇는 문장이 되기 쉬우나 전반에는 어떤 이야기가 진행될지 모르는 채로 생성됩니다. 또한 RNN으로 문장을 생성한 단계에서 다음 키워드를 삽입하기 때문에 접속사 등이 없는 부자연스러운 문장이 되기 쉽습니다.

여기서 전 장의 이미지 자동생성에서 설명한 두 단계의 AI를 활용합니다. 그 정서가 지금까지의 문장과 비교하여 손색이 없는지를 검증하는 AI도 도입하여 문장의 질을 높일 수 있습니다.

□ 자료 3-2-11 RNN으로부터 얻은 문장을 재작성하는 AI와 검토하는 AI

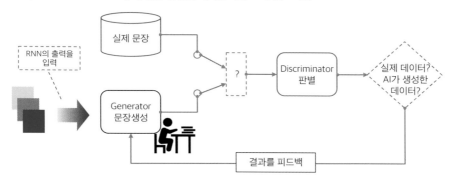

　지금까지의 문장과 비교하여 손색이 없는지를 확인하는 검증은 자사나 경쟁사에서 작성한 콘텐츠를 정답으로 두고 학습시킵니다. 문장을 만드는 AI는 이미지의 생성과 동일하게 문장을 한 번 압축하여 복원 가능한 AI를 만들어 실현합니다.

　이렇게 하여 전체적으로 의미가 통하는 자연스러운 문장이 될 수 있도록 질을 향상시킬 수 있습니다.

　여기서 설명한 방법을 활용하면 세간의 흐름에 걸맞으며 경쟁사가 아직 깨닫지 못한 경쟁력 있는 콘텐츠를 AI의 지원을 받아 효율적으로 작성할 수 있습니다. 지금은 일부 미디어에서 인간의 재작성을 전제로 한 시험적인 도입을 하는 수준이지만 운용 효율 개선의 조짐이 보이니, 본격적인 실용화도 먼 미래의 이야기는 아닌 것 같습니다.

3-3 '검색하게 하기' 위한 AI 활용

지금까지 '알리기', '관심을 갖게 하기' 위한 AI 활용에 관해 설명했습니다. 이 두 가지는 굳이 따지자면 자사가 고객을 대상으로 적극적인 접촉을 하는 접근 방법입니다. 하지만 사용자가 받아들이는 시점은 사용자의 자발적인 행동에 의한 것이 대부분입니다. 그 첫걸음이 대상이 되는 상품 및 서비스를 포함한 카테고리나 상품 및 서비스 자체를 알아보기 시작한 시점입니다. 따라서 SEO가 중요합니다. SEO 자체에 관해서는 책이나 웹사이트 등에 많은 정보가 있으므로, 이 책에서는 AI에 의한 SEO의 방식이 근본적으로 어떻게 변화할지에 중점을 두고 설명하고자 합니다.

사용자는 어떤 단어로 검색하고 있는가?

어떤 방법으로 마케팅을 할지 생각하기 전에 사용자들이 어떤 키워드로 검색하고 있는지 파악할 필요가 있습니다. 사용자가 접한 정보를 기반으로 자사 상품과 관련한 키워드를 구하는 방법도 가능하지만, 그중에는 사용자가 검색하기 쉬운 단어나 우연히 접한 단어가 섞여 있습니다. 예를 들어 'Google 서제스트'(그 외의 검색 엔진에도 유사 기능이 존재합니다.)를 사용하면 검색 되기 쉬운 단어만 추출할 수 있습니다. Google 서제스트는 본래 '이 키워드에 대해 알아보고 있다면, 이 키워드에도 관심 있지 않나요?' 하고 사용자의 검색을 지원하는 툴이지만, 자사 상품과 함께 검색하기 쉬운 키워드를 조사하는 툴로도 활용할 수 있습니다.

Google 서제스트의 결과는 'API(Application Programming Interface: 입력에 대한 출력을 반환하는 애플리케이션에 내장 가능한 프로그램용 인터페이스)'에서도 취득할 수 있습니다. 먼저 '다이어트'를 입력하면, 다이어트와 같이 검색하기 쉬운 단어를 API가 반환합니다. '다이어트 운동'과 같이 함께 검색되는 키워드가 나타납니다. 다음으로 '다이어트 운동'이라고 API에서 입력하면 '다이어트 운동 효과적'과 같이 함께 검색되는 키워드가 출력됩니다. 이처럼 키워드를 연속적으로 추출하여 이번에는 2,600개의 키워드를 얻었습니다. 서제스트에서 출력된 키워드는 '다이어트 식사'와 같이 연결성이 있기 때문에 '다이어트 식사 OOO'와 같이 더욱더 관련 있는 단어를 모아서 함께 검색하기 쉬운 단어를 그룹화할 수 있게 됩니다. 구체적으로는 다음과 같은 단어 그룹을 얻을 수 있었습니다. 각각의 검색 수는 Google 광고 툴에서 구할 수 있습니다.

- 식사 / 보조제 → 식생활의 개선을 목표로 하는 사람
- 운동 → 운동에 의한 개선을 목표로 하는 사람
- 성공 / 효과 / 블로그 → 다이어트 체험담이나 사례를 알아보는 사람
- 여성 → 여성만의 다이어트 사례를 알아보는 사람

검색 수로부터 '다이어트'를 식생활 개선이라고 생각하는 사람이 많으며, 운동으로 해결하려고 하는 사람은 검색을 적게 한다는 것을 알 수 있습니다. '가능하면 약으로 살을 빼고 싶다'는 심리가 숨어있습니다.

그룹별 월별 검색 수 추이를 살펴보면 특히 여름 전인 5~6월에 검색 수가 많아지지만, '운동'과 '보조제' 그룹은 1월에 가장 높은 수치를 나타내고 있습니다. 이를 참조하여 사이트를 운영한다면 여름 전에는 '식사'에 관한 콘텐츠를 발신하고, 연초에는 '운동'에 관한 콘텐츠에 힘을 실으면 효율이 높을 것이라는 것을 알 수 있습니다.

□ 자료 3-3-2 그룹별 검색 수 추이

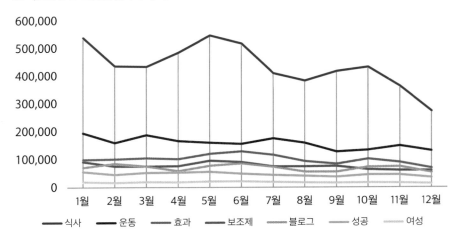

현재 사이트 상황을 파악하기

사용자들이 검색하는 키워드를 파악했다면 다음으로 그 키워드를 자사에서 대응하고 있는지를 검증합니다.

'다이어트'라는 키워드에서 상위에 표시된 3사를 비교해보겠습니다. A사는 다이어트에 관한 정보를 다루고 있는 전문 미디어, B사는 다이어트 서비스 회사가 운영하는 자사 미디어, C사는 B사와는 다른 다이어트 서비스입니다.

☐ 자료 3-3-3 각 회사의 키워드별 순위

	A사	B사	C사
다이어트	1-10위	11-20위	51-100위
식사	1-10위	11-20위	51-100위
아침밥	11-20위	11-20위	51-100위
레시피	21-50위	21-50위	21-50위
프로틴	1-10위	21-50위	51-100위

	A사	B사	C사
운동	1-10위	51-100위	100위 밖
근육	1-10위	51-100위	100위 밖
기구	1-10위	11-20위	51-100위
달리기	1-10위	21-50위	100위 밖
헬스장	100위 밖	100위 밖	100위 밖

A사는 다이어트 키워드도 상위인 미디어이지만 관련 키워드로 가장 검색량이 많은 식사나 운동 관련에서도 거의 모든 키워드가 상위 검색 결과로 나타나고 있습니다.

B사와 C사를 비교하면 다이어트, 식사와 같은 넓은 범위의 키워드에서 B사의 평가가 더 높으며, C사의 경우 검색 결과에 노출되지 않는 키워드가 많습니다.

이로 미루어볼 때 '다이어트 식사'와 같이 넓은 범위의 키워드로 검색했을 때 노출되기 위해서는 '다이어트 아침밥', '다이어트 프로틴'과 같이 관련 있는 키워드로 평가되는 콘텐츠를 보유하는 것이 조건이라고 짐작해볼 수 있습니다.

검색 규모가 큰 키워드를 상위 노출하기 위한 마케팅 전략을 세워야 한다고 생각할지도 모릅니다. 하지만 검색 수가 적은 키워드를 그룹화하여 하나하나 제대로 대응해나가는 것이 가장 빠른 길일지도 모릅니다.

□ 자료 3-3-4 작은 키워드 순위가 올라가면 큰 키워드 순위도 연동되어 상승

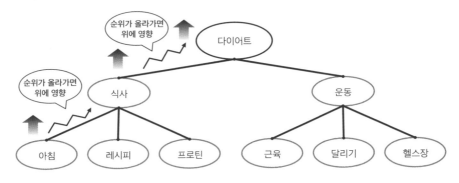

해당 키워드에 대하여 어떻게 평가되는가?

　종전의 검색 엔진 알고리즘에서는 '다른 사이트로부터 높은 평가를 받음 = 외부 링크가 많은 사이트'라는 사고를 기반으로 검색 순위가 결정되었기 때문에 외부로부터 유입되는 링크를 늘리는 것이 페이지 평가를 높이는 방법이었습니다. 하지만 이를 거꾸로 이용하여, 사용자의 관심에 부합하는 콘텐츠를 만드는 것보다 '일단 외부 유입 링크에 기대어 순위를 높이려고 하는 SEO'가 많았습니다. 현재는 사용자의 관심에 부합하는 사이트를 제대로 만드는 것이 검색 엔진 평가의 중요한 흐름이 되었습니다. 그렇다면 어떤 사이트를 만들어야 할까요?

첫째는 개별 페이지를 잘 만드는 것입니다. 이는 물론 내용이 좋아야 한다는 것이며, 특히 문장의 질과 관련이 있습니다. 또 한 가지는 페이지 간 네비게이션을 잘 하는 것입니다.

▌어떤 문장을 작성해야 하는가?

기존의 SEO에서는 사이트의 브레드크럼, 리스트 및 푸터 등에 관련 있는 키워드를 넣는 방법을 사용했지만, 현재는 그다지 효과가 없다고 볼 수 있습니다. 그것이 사이트에서 중요한 정보인지 또는 자연스러운 콘텐츠인지를 꿰뚫어보는 기술이 발전하고 있습니다. 이처럼 잔재주로 일회일비할 것이 아니라 검색 엔진에서 제대로 평가 받을 수 있도록 고품질의 콘텐츠를 만들기 위해 노력해야 합니다. 그렇다면 검색 엔진에서 고평가를 받는 콘텐츠란 어떤 것일까요? 이는 검색된 키워드와 매칭되는 자연스러운 내용의 콘텐츠를 가리킵니다.

검색된 정보는 검색 키워드 이외의 정보를 포함한 콘텐츠입니다. 검색되기 쉬운 단어만으로 구성된 페이지에서는 사용자가 이미 알고 있는 정보만 전하고 있기 때문입니다. 그러므로 검색 키워드에 특화한 (관련성이 높은) 정보뿐만 아니라 사용자가 평소에 접하고 있는 콘텐츠의 정보가 유효해집니다. 즉, 그런 정보로부터 사용자가 구체적으로 무엇을 얻고 싶은지를 알아야 합니다.

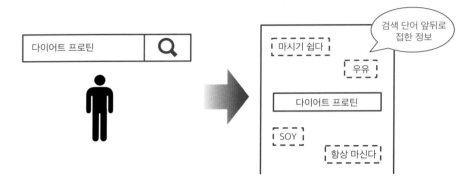

　예를 들어 '다이어트 프로틴'이라는 검색 키워드에 대해 '마시기 쉽다' 등의 정보를 덧붙입니다. 나아가 이 정보에 대한 자사 제품의 정보를 더합니다. 마시기 쉽다는 정보는 공간이나 장소를 따지지 않는다는 것과 맛이라는 두 가지 면에서 생각해볼 수 있습니다. 공간이나 장소라는 관점에서 생각하면 '전용 용기를 포함하고 있어, 들고 다니기 편하다'는 정보가 들어있습니다. 맛이라는 관점에서는 '잘 녹으며 끈적끈적하지 않다', '다양한 맛이 있다'와 같은 정보가 들어있다면 유효합니다.

　보통 복수 제품이 있는 상품 상세 페이지는 '상품의 사양을 전부 기재하면 사용자 친화적이지 않다. 검색엔진에서도 나쁜 평가를 받을 가능성이 있다.'라고 합니다. 한편 '상품 사양을 기재하지 않으면 정보가 텅텅 빈다'고 하는 딜레마에 빠질 수도 있습니다. 두 의견을 절충하여 위에 언급한 검색 키워드와 그 키워드에 숨겨진 사용자의 숨겨진 니즈인 연관 키워드, 또한 그에 구체적으로 대응하는 제품 사양 (전용 용기, 쉽게 녹음, 다양한 맛)과 같은 키워드로 문장을 자동생성하는 기술이 유용하다고 볼 수 있습니다. 현재 기술로는 완전한 콘텐츠를 만드는 것이 현실적이지는 않지만, 상품 각각에 특징을 반영한 요약 내용을 자동으로 생성하는 용도로는 활용할 수 있습니다. 이미 AI가 작성한 문장을 인간이 수정하여 사이트에 반영해 유입수가 크게 오른 사례도 있기 때문에 앞으로 실용화가 기대됩니다.

□ 자료 3-3-6 AI가 제품 사양을 기반으로 요약문을 작성

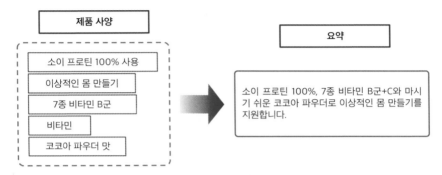

지금까지는 텍스트 정보를 최적화해 봤습니다. 오늘날 이미지 인식 기술의 발전을 생각하면 텍스트뿐만 아니라 이미지에 관한 정보가 검색 평가에 반영될 날이 머지않았습니다. 그때는 문자로부터 이미지를 자동생성한 콘텐츠가 유효해질지도 모릅니다.

□ 자료 3-3-7 자동생성한 이미지가 검색엔진에서 평가된다?

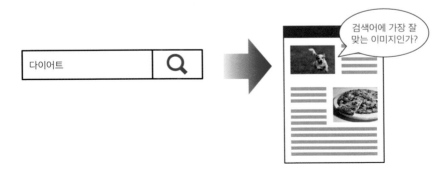

어떤 링크 구조로 할 것인가?

한 가지 검색에 대해 하나의 페이지로 해결할 수 있는 경우는 많지 않습니다. 사용자는 복수의 페이지를 찾아보면서 점점 정보를 파악해갑니다. 즉 고객 니즈에 응하기 위해서는 찾아보기 쉬운 페이지 간 링크를 제공하는 것이 중요합니다.

링크 구조 최적화 중 가장 심플한 방법은 '링크가 없음에도 보고 있음 = 본질적인 관련성이 높음', '링크가 있지만 보지 않음 = 본질적인 관련성이 낮음'이라고 판단하여, 관련성이 높은 페이지에만 링크를 넣어 관련성이 낮은 링크를 제거하는 것입니다.

하지만 이 방법은 두 페이지 간 관련성은 고려되지만, 3번째 이상의 페이지와의 관계성을 고려하는 것은 불가능합니다. 이 데이터 구조를 특정 유추가 특기인 딥러닝에 네트워크 특징을 학습시켜 어떤 링크 구조일 때 각 페이지의 뷰 수가 변화하는지를 출력하게 합니다. 딥러닝에 학습시킬 시, 각 페이지 앞에 어떤 네트워크가 만들어져 있는지를 속성 데이터로 삼아 뷰 수를 예측합니다. 입력한 네트워크의 속성은 그 페이지가 링크된 페이지입니다(링크의 방향성도 부가합니다). 단, 그 페이지가 연결된 페이지는 또 다른 페이지와 연결되어 있습니다. 그래서 2단계로 연결된 페이지도 추가합니다. 인간관계의 네트워크에서는 6명만 건너 생각해도 세상 모두가 연결되어 있다고 합니다. 이 경우에도 6 스텝 너머까지만 더하면 충분할 것입니다. 필자의 경험상 6 스텝 너머까지 더하면 충분한 정도로 확보됩니다.

	페이지 1	페이지 2	페이지 3	페이지 4	페이지 5	페이지 6	페이지 7
1단계 거리	×	○	○	×	×	×	×
2단계 거리	○	×	×	○	○	○	○
3단계 거리	×	○	○	×	×	×	○
6단계 거리	○	○	○	○	○	○	○

　　더욱 높은 정확도를 목표로 하고 있다면 페이지의 카테고리를 추가하거나 페이지 상단에 있는 링크인지, 사이드바 혹은 푸터에 있는 링크인지, 아니면 모든 페이지에 있는 링크인지 등에 따라 링크별로 가중치를 부여하는 것도 가능합니다. 이때 개별 링크의 중요도는 사이트에 따라 다르기 때문에 링크 클릭 수 등으로 대용합니다.

□ 자료 3-3-9 링크 구조 속성화하기

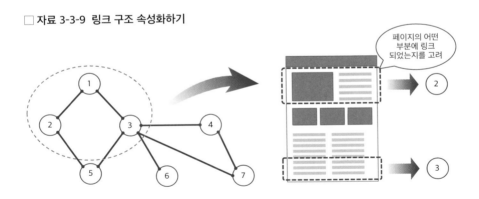

　　여기까지 준비가 갖춰지면 이제는 딥러닝에 입력하기만 하면 되지만, 애초에 내용적으로 뷰 수가 높아지기 쉬운 페이지나 상단의 디렉토리에 있는 페이지일수록 뷰 수가 높아질 가능성이 많기 때문에 이를 변수로 입력함으로써 어떤 링크 구조

를 할 경우 어떤 뷰 수가 나올지 보다 정확하게 예측 가능합니다.

딥러닝은 얕은 층에서는 간단하게 링크 수 등을 반영하지만, 깊은 층에서는 페이지에 링크가 있는지, 사용자 전환의 허브가 되고 있는지 등 복잡한 네트워크의 특징까지 학습하고 있다고 생각할 수 있습니다. 이는 사실 '네트워크 분석'이라고 하는 학문 분야입니다.

□ **자료 3-3-10 고려 가능한 네트워크 속성**

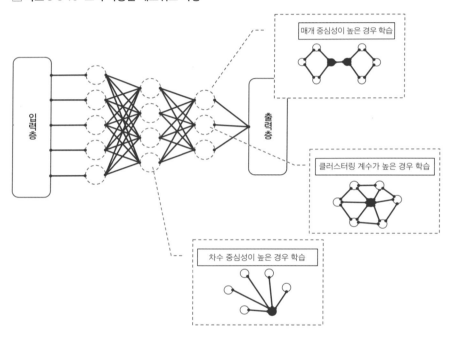

지금까지 필자의 경험에 따르면, 단순히 페이지의 내용이나 디렉토리의 계층만으로부터 페이지의 뷰 수를 예측하기보다는 네트워크 분석의 기술로 사용되는 네트워크 속성 (연결된 페이지의 수나 자신이 허브가 되었는지 등 다양한 지표)을 더하는 편이

뷰 수 예측 정확도가 높아지는 것을 알 수 있었습니다.

단, 이러한 네트워크 속성은 어디까지나 연구자가 범용적으로 중요하다고 생각하는 속성에 불과하여 개별 웹사이트에 있어 항상 중요한 지표라고는 단언할 수 없습니다. 하지만 딥러닝으로 웹사이트별 네트워크 구조의 특징을 파악하여 뷰 수를 예측함으로써 정확도를 높일 수 있다는 것은 증명되었습니다. 이는 이미지 인식에서 동물 형태의 특징을 인간이 모두 고려하지 못하여 인식할 수 있는 정보가 적었던 반면에 딥러닝은 이미지 데이터에서 인간이 고려하지 못했던 특징들까지 포함시켜 학습했을 때 정확도가 높아지는 것과 같은 이치입니다.

범용적인 네트워크 속성뿐만 아니라 딥러닝에 의한 개별 웹사이트의 네트워크 구조 특징을 파악한 AI라면, 신문사 미디어나 종합 EC몰 등 어떤 페이지인지 여부에 관계없이 해당 페이지가 클릭 되기 쉬운지를 정확하게 예측할 수 있게 됩니다.

□ **자료 3-3-11 네트워크 구조의 특징을 파악하여 개별로 최적화된 페이지 예측하기**

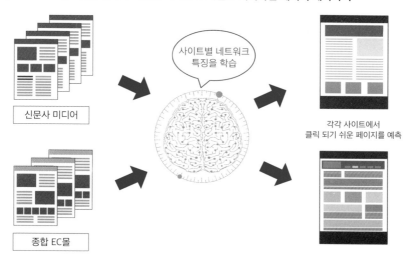

신문사 미디어

사이트별 네트워크
특징을 학습

종합 EC몰

각각 사이트에서
클릭 되기 쉬운 페이지를 예측

이런 AI가 있으면, 전략을 시행하는 대상이 되는 페이지 주변 링크 구조를 바꾸었을 때의 열람 수의 변화(고객이 조사하고 싶은 내용)를 추적하여 파악할 수 있습니다. 이전의 메타휴리스틱스 방법을 활용하여 다른 페이지에 악영향을 미치지 않고 전략 시행 대상 주변의 뷰 수가 가장 높아지는 링크 구조를 만들 수 있습니다.

검색 수가 많지 않은 물건의 종류가 많아 대응이 소홀해질 수 있었음에도 이 방법을 활용하여 체계적으로 각각의 키워드에 유효성을 높일 수 있었습니다. 더하여 범위가 큰 키워드에도 대응할 수 있게 되어 검색 순위도 높아질 것입니다. 또 링크의 최적화도 이루어지기 때문에 방문한 사용자에게 정보를 전하기 쉬운 구조가 될 뿐 아니라 검색 순위도 높아지며 구매 유도도 촉진할 수 있게 됩니다.

3-4 '구매하게 하기' 위한 AI 활용

지금까지 고객이 자사에 대해 알게 되고 관심을 가져 검색하기까지의 프로세스를 AI로 어떻게 개선할 수 있을지 이야기해 보았습니다. 이번 장에서는 구매하기까지의 프로세스를 AI로 얼마나 개선할 수 있는지에 대해 이야기 해보고자 합니다. 먼저 디지털마케팅으로 '구매 단계의 사용자'에게 접근하는 방법에 관해 설명한 후, 실제 매장에서는 그 방법을 어떻게 활용할 수 있는지 설명합니다.

구매 단계의 사용자란?

구매 단계의 사용자란 이미 제품을 인식하고 있고 일정한 관심을 보이며 어느 정도 비교 검토를 마쳤고 커뮤니케이션 방법에 따라 구매를 할 가능성이 있는 사용자입니다. 디지털 마케팅 관점에서 이야기하면 제품의 상세 페이지를 자세히 읽은 사용자, 구체적인 키워드로 검색을 한 사용자입니다.

▌'알리기'와의 속성 예측 차이

'알리기 단계'와 '구매하게 하기 단계', 각 단계 사용자에 대한 대응은 명확한 차이가 있습니다. 바로 속성이 불명확한 사용자에 대한 접근 방법입니다.

알리기 단계의 사용자는 광고를 발신할 대상이 되는 사용자라면 정확도가 높다고 예측되는 층부터 접근하는 것이 좋지만, 속성이 불명확한 사용자의 경우 대응할 필요가 없습니다.

하지만 자사 사이트를 방문하는 등 '구매 단계'에 있는 사용자라면 반드시 대응해야만 합니다. 첫 방문 사용자 중 속성이 불명확한 사용자라 할지라도 충분한 커

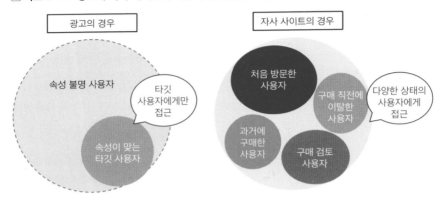

뮤니케이션을 하지 않으면 기회를 놓치는 격이 됩니다.

　따라서 처음 사이트에 방문한 사용자에게도 정보를 부여하는 것이 중요합니다. 그러기 위하여 사이트 밖의 행동 데이터를 연결할 필요가 있습니다. 구체적으로는 복수의 사이트 행동 데이터를 연결한 데이터 홀더와 데이터를 연계하는 방법을 생각해볼 수 있습니다. 하지만 이처럼 범용적인 행동 데이터 중에는 자사 상품 구매의 기호성을 충분히 반영한다고 보기는 어렵습니다. 이 경우 자사 상품과 상성이 좋은 미디어나 그 외의 사이트와의 데이터 연계를 개별적으로 시행할 필요가 있습니다. 먼저 자사 사이트 내의 행동 데이터를 취득하기 위한 전용 태그(JavaScript 프로그램 등)를 설치한 후, 유사한 태그를 연계된 사이트에 설치함으로써 데이터를 연동할 수 있습니다.

　또한 사용자의 속성 변화를 업데이트하는 타이밍에도 광고와 자사 사이트 간 차이가 있습니다. 광고의 경우 한 개의 광고를 짧은 기간에 몇 번이나 발신하는 경우는 드물기 때문에 일단 한 번 광고를 접한 후 사용자의 속성 변화를 반영하기까지, AI가 학습하는데 충분한 시간(하루에 1번 업데이트 등)이 있습니다. 반면, 자사 사이

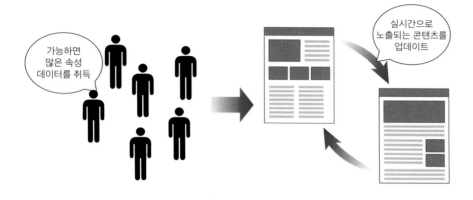

트의 경우에는 페이지를 볼 때마다 사용자의 상태가 민감하게 변화하여 표시해야 하는 콘텐츠가 시시각각 달라지기 때문에 리얼 타임으로 사용자의 속성을 업데이트할 필요가 있습니다.

알리기 위한 단계에서는 'OO에 관심을 가진 사용자를 일정 인원 이상 모을 수 있다면 무리하여 발신 대상 사용자를 늘릴 필요 없이 정확도를 높여 예측'합니다. 즉, 앞서 설명한 척도 중 Precision(정확도)를 높이는 예측을 합니다.

웹사이트상에서 Precision을 높이는 예측을 할 경우 '이 사이트에는 OO에 관심이 있는 사람은 없다'와 같은 판단을 할 가능성이 있기 때문에 자신이 예측한 사용자와 대부분 일치하더라도 빠뜨림 없는 예측을 할 필요가 있습니다. 즉 '빼놓지 않고 예측했는지'가 중요해집니다. 척도로써는 Recall(검출률)을 높이는 예측을 시행합니다.

많은 예측기가 'OO에 관심이 있을 확률 n%'와 같은 비율을 출력하기 때문에 임곗값을 조정하여 각각 목적에 부합하는 예측을 반환할 필요가 있습니다.

□ 자료 3-4-3 임곗값에 대한 precision(정확도), recall(검출률)의 변화

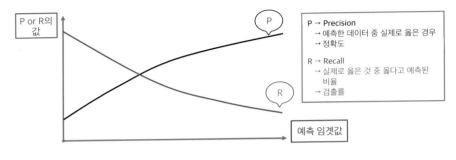

'구매하게 하기' 위한 메시지

'구매하게 하기' 단계에서는 지금까지 설명한 알리기, 관심을 갖게 하기, 검색하게 하기의 각 단계와는 전달해야 하는 내용이 달라집니다.

알리기 단계에서는 상품이나 카테고리의 이름을 전하는 것, 즉 인상을 남기는 것이 중요합니다. 예를 들어 자동차의 자율주행을 알리기 위해서는 '교통사고를 당하지 않는 것이 당연한 일은 아닙니다.'와 같이 부정적이면서 강력한 메시지를 사용할 수 있습니다.

한편 관심을 갖게 하기 단계에서는 부정적인 것이 아닌 긍정적인 측면을 전달하는 것이 중요합니다. 똑같이 자율주행을 예로 들면 운전으로부터 해방되어 자동차라는 공간이 엔터테인먼트 공간이 된다는 것과 자동차 계기 및 정비 등을 좋아하는 사람들을 대상으로 자동차 기술에 대한 이야기를 전할 수 있습니다.

만일 이처럼 정보를 접한 후 사용자가 관심을 가지게 된다고 해도 고급 제품일수록 간단하게 구매로 이어지기는 어렵습니다. 구매하게 하기 위해서는 '이 상품의 기능에 대한 자세한 무언가', '가격은 업계 평균과 비교하여 어떤지', 'A/S 등 서

비스는 어떤지'와 같이 구체적인 항목을 전달할 필요가 있습니다.

구체적으로 어떤 항목을 떠올려야 하는지는 다양한 마케팅 서적에 잘 정리되어 있습니다. 여기서는 코틀러의 '제품의 3단계'를 기반으로 한 목록을 소개합니다. 〈Kotler의 마케팅 원리〉[13]에서 제품의 정의로서 '핵심', '실체', '확장'의 3단계 모델을 창시했습니다.

'핵심'이란 제품 자체의 가치입니다. 예를 들어 자율주행 자동차의 경우 자율주행입니다. '실체'란 그 제품의 특징을 구성하는 것입니다. 자율주행 자동차에서는 세부 기능이나 품질, 브랜드 및 디자인입니다. '확장'이란 이로 말미암아 제품의 가치가 높아지는 것을 가리킵니다. 예를 들어 A/S나 보증 등을 들 수 있습니다.

☐ **자료 3-4-4 코틀러의 제품의 3단계 + 세간의 관심사**

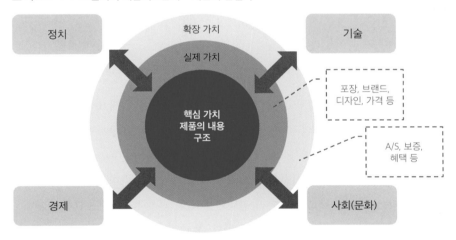

13 필립 코틀러&게리 암스트롱, 〈Kotler의 마케팅 원리〉, 시그마프레스, 2017년 8월 25일

또한 '2-2 분석·계획을 뒷받침하는 기반(62p)'에서 설명한 고객 여정을 기반으로 어떤 키워드가 중요한지를 판단할 시, 사람에 따라 중요시하는 내용이나 빠져들기 쉬운 순서도 달라집니다. 이때 콘텐츠를 블록화하여 '기능 → 가격 → A/S'의 순서로 하는 것이 좋을지 'A/S → 가격 → 기능' 순으로 하는 것이 좋을지 등을 사용자의 전환율(사이트에 방문한 사람 중 결국 구매에 도달한 사람의 비율)을 고려하도록 학습시킵니다.

□ **자료 3-4-5 사용자별 블록의 순서 바꾸기**

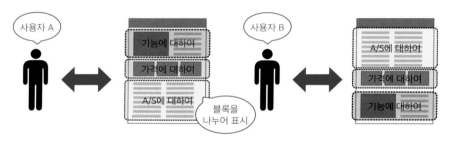

구체적으로 딥러닝에 입력할 때 어떤 속성으로 만들면 좋을까요? 예를 들어 8개의 블록이 있을 경우 8×8의 격자를 만들어 콘텐츠 A가 몇 번째에 위치하는지, 콘텐츠 B가 몇 번째에 위치하는지를 고려하지 않고 배치해 나갑니다. 앞서 설명한 바와 같이 블록의 숫자가 늘어나면 늘어날수록 그 조합은 막대해지기 때문에 메타휴리스틱스 방법이 유효합니다. 딥러닝이 우수한 점은 특징을 학습하는 것이기 때문에 'A → B의 순서는 반드시 지켜야 한다' 혹은 'D, E, F 순서는 어느 것이 먼저 와도 상관없지만, 가까이 있어야 한다' 등 다양하게 활용할 수 있습니다.

여기까지는 하나의 상품에 대한 최적화에 대하여 설명해보았습니다. 복수의 상품을 다루는 경우에도 상품 정보의 데이터베이스가 가격, 기능, 보증, 혜택 등의 항목으로 정리되어 있다면 사용자의 속성, 제품의 내용, 배치 순서에 대한 전환율을 예측할 수 있기 때문에 최적의 순서를 표시하는 AI를 구축할 수 있습니다.

□ 자료 3-4-6 딥러닝이 순서를 학습

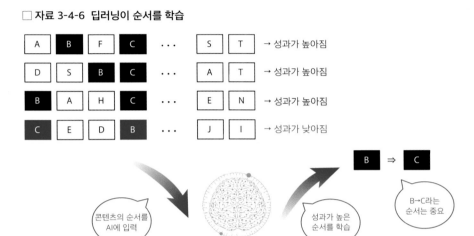

또한 예를 들어 A/S서비스가 잘 구축되어 있다는 것을 전할 경우 '만족도 95%' 와 같은 수치를 전할 것인지 'OO규격 수준의 서비스'와 같이 외부 기관의 권위에 호소할 것인지에 따라 효과가 달라집니다. 상품 데이터의 충실도에 따라 다르지만 특정 문장의 표현 방법이나 시제를 바꾸는 것까지, 어떤 표현을 사용하여 호감을 얻을지 고려하여 자동생성할 수 있습니다. 사용자의 속성, 콘텐츠의 순서 속성, 콘텐츠의 표현 방법 속성을 동시에 학습함으로써 정보를 최대한 활용하여 예측할 수 있습니다.

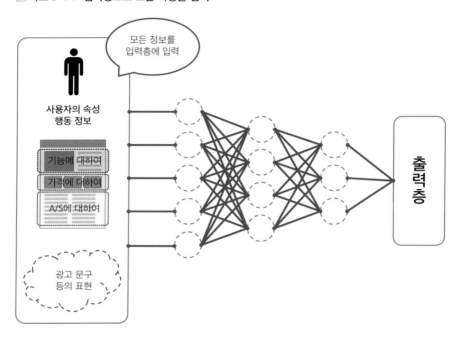

동시 판매를 노린다

지금까지 사용자에게 하나의 상품을 판매하기 위한 방법을 설명했습니다. 하지만 이것만으로는 니즈가 충족되지 않는 경우도 있습니다.

예를 들어 배추를 구매한 사용자가 있다고 합시다. 이것만으로는 전골용인지 찜용인지 알 수 없습니다. 하지만 이 사용자가 대형 냄비를 함께 구매했다면 높은 확률로 전골용일 것입니다. 더욱이 대형 냄비를 구매했다는 것은 가정용이 아닌 더 많은 인원이 먹을 전골을 만들기 위해 서둘러 준비 중일지도 모른다고 추측할 수 있습니다. 이런 사용자라면 맛있는 전골을 위한 맛있는 육수를 만드는 방법을 알고 싶을 가능성이 있기 때문에 간단하게 만들 수 있는 전골 세트 등을 보여준다면 구매 가능성이 높아질 것입니다.

이처럼 어떤 제품을 구매했다는 것은 주변 제품에 대한 강한 니즈를 나타냅니다. 동시 구매를 유도하는 추천 엔진을 만들 시에 구매 데이터와 뷰 데이터를 함께 활용하면 '배추, 대형 냄비 구매 → 높은 가중치'가 되어 '이 사용자는 배추, 대형 냄비에 높은 관심을 보임 → 배추, 냄비를 연속적으로 구매'와 같은 예측이 가능합니다.

콘텐츠 접속 로그와 상품 구매 로그를 잘 나누어 '배추 등을 구매한 경우 시금치나 인삼 같은 유사 카테고리의 제품을 추천하면 구매 확률이 높아짐', '대형 냄비 등을 구매한 경우에는 연달아 구매가 일어나는 경우는 잘 없음'과 같이 학습시킬 수 있습니다.

여기서 중요한 점은 '대형 냄비는 한 번 구매하면 재구매는 이루어지지 않음',

□ **자료 3-4-8 구매 데이터와 뷰 데이터를 별도로 처리**

'야채 구매 시 다른 야채도 구매'같은 규칙을 만드는 것이 아닌, 뷰 로그와 구매 로그를 별도로 취급하여 입력 데이터를 처리함으로써 다양한 상황에 일괄적으로 대응할 수 있도록 하는 것입니다.

구매가 이루어지기까지의 상세 변화 파악하기

　알게 되어 구매하기까지의 긴 고객 여정을 만들어내는 과정에서 하나하나의 페이지 내 추이 정보까지 더하면 정보량이 지나치게 커진다는 것과 애초에 외부 사이트로부터 상세한 정보를 얻는 게 어렵다는 것이 문제입니다. 그러나 사이트 방문으로부터 구매까지 얼마나 가까워졌는지는 적은 페이지 수를 분석하는 것만으로도 알 수 있으며, 자사 사이트의 경우에는 페이지 내 커서의 움직임과 같은 상세한 데이터까지 수집할 수 있기 때문에 페이지 내의 상세한 전환까지 더할 수 있습니다.

　얼마나 '랜딩 페이지(사용자가 사이트 방문 시 가장 처음 보게 되는 페이지)'를 읽었는지의 여부는 구매율과 높은 상관관계가 있다는 것을 경험적으로 알 수 있습니다. 그래서 랜딩 페이지에서의 커서의 움직임을 히트맵(장시간 커서를 올리고 있는 곳의 값이 증가)의 시간 변화로 파악하여 딥러닝으로 특징을 파악합니다. 그리하여 구매할 사용자인지 아닌지 예측하도록 학습함으로써 히트맵의 특징으로부터 사용자의 구매 확률이 몇 %인지와 같은 예측이 가능해집니다. 이처럼 구매 비율이 적은 사이트라 할지라도 콘텐츠를 바꿀 경우 구매 비율 향상 수치를 알 수 있게 됩니다.

□ **자료 3-4-9 히트맵의 특징 학습시키기**

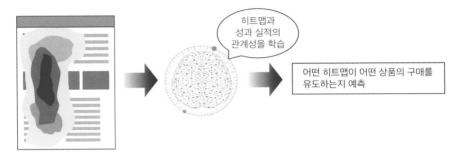

히트맵과
성과 실적의
관계성을 학습

어떤 히트맵이 어떤 상품의 구매를
유도하는지 예측

매장에서 구입 단계인 사용자를 대상으로 활용하기

지금까지 디지털 마케팅의 상품 구매 유도에 대하여 설명했습니다. 하지만 아직도 구매의 상당부분은 오프라인 매장에서 이루어집니다. 또한 최근 대형 EC몰이 오프라인 매장과 연계하여 판매하고 있습니다. 사실 앞서 설명한 방법의 개념은 대부분 실제 매장 내에서의 구매를 유도할 때에도 활용할 수 있습니다.

데이터의 수집 방법과 그 결과라는 두 가지 관점에서 디지털에서의 구매 유도 전략을 어떻게 매장에서도 활용할 수 있을지 설명해보고자 합니다.

▌사용자의 행동 데이터 수집

디지털 마케팅에서는 사용자가 보고 있는 콘텐츠 정보 로그를 수집할 수 있다는 전제가 있었습니다. 매장의 경우 반드시 그렇지는 않습니다. 물론 POS 정보 등을 가지고 어떤 타이밍에 어떤 상품을 구매했는지, 회원 카드를 기반으로 동일한 사람이 다른 날짜에는 어떤 상품을 구매했는지와 같은 정보를 수집하는 것은 가능합니다. 하지만 회원 카드의 실사용률을 고려할 때 충분한 양의 정보수집이 가능하다는 보장은 없습니다. 또한 고객의 상품 구매과정도 알 수 없습니다.

그러나 최근에는 이미지 인식 기술의 큰 발전으로 인하여 매장 앞 CCTV를 활용하여 매장 내에서 어떤 상품 앞에 얼마나 머물렀는지 등의 고객 행동 정보를 취득할 수 있게 되었습니다.

□ 자료 3-4-10 매장 앞 CCTV로 행동 파악하기

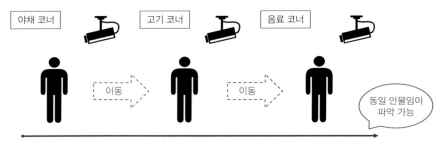

디지털 마케팅과의 큰 차이는 매장에 온 단계의 고객은 웹사이트를 방문한 고객보다 높은 구매 의사를 가지고 있다는 점입니다. 웹사이트에서는 몇 초 만에 이탈하는 사용자도 적지 않은 편인 데 반해, 매장의 경우는 입구 근처만 둘러보고 매장밖으로 이탈하는 고객은 거의 없습니다. 즉 매장을 방문한 시점부터 그 사람의 관심사를 파악하는 것이 가능하다는 것입니다.

여러 사람이 같은 목적으로 매장을 방문할 가능성도 있습니다. 예를 들어 슈퍼마켓에서는 가족이 함께 쇼핑하러 오는 경우도 많습니다. 어떤 고객이 가족 혹은 친구인지 행동 정보만으로 파악하는 것은 어렵지만, 매장 내에서 한 그룹이 아닌 사람들끼리 오랜 시간 대화를 나누는 경우는 별로 없기 때문에 대화를 나누고 있는 그룹을 가족이나 친구라고 판단할 수 있습니다. 실제로 대화를 하고 있다는 행

□ 자료 3-4-11 같은 그룹이나 가족인지 판정

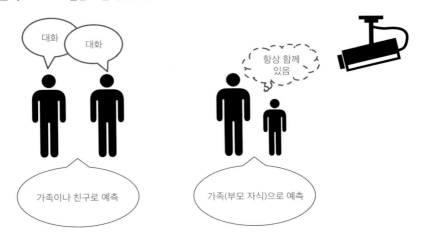

동을 검출하는 기술이 이미 존재하기 때문에 같은 그룹인지 판단하기는 비교적 쉽습니다.

매대 앞에 서있을 뿐인지, 상품을 보고 있는지, 손으로 상품을 꺼내어 봤는지, 장바구니에 넣었는지와 같은 행동도 파악할 수 있습니다. 실제로 상품을 보았는지 여부는 매대별 카메라로 파악이 가능합니다. 매대별 카메라로 근거리 촬영을 한 영상으로부터 얼굴 각도, 시선이 상품을 향해 있었는지의 여부를 파악할 수 있습니다. 실제로 손으로 상품을 꺼내 봤는지나 장바구니에 넣었는지는 가속도 센서 및 RFID와 같은 근거리 통신 기술로 파악할 수 있습니다.

대형 냄비 등은 장바구니에 한 개 넣었다면 추가로 구매하지는 않을 것입니다. 하지만 식자재의 경우 장바구니에 이미 담겨있다고 해도 충분히 다른 식자재를 구매할 수 있습니다. 따라서 매장에서도 어떤 종류의 상품을 접했는지를 구분하여 학습하는 것이 중요합니다.

□ **자료 3-4-12 상품 접촉 단계별 인식**

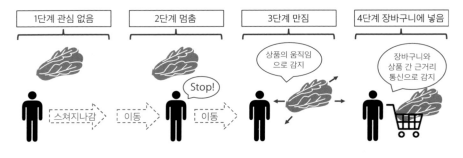

재방문 인식하기

지금까지 첫 방문 시의 행동 데이터 수집에 대해 설명했습니다. 처음 방문했다면 사람의 이동 가능한 속도를 고려할 때 특정 시간 내의 특정 지역 내에서 일부 사람에 관한 학습만 이루어지면 되기 때문에 꽤 높은 정확도로 개인을 인식할 수 있습니다.

하지만 여러 번에 걸친 재방문이라면 그간 방문한 모든 고객 중 해당 인물을 찾아서 이전의 행동 데이터와 연결해야하므로 높은 수준의 이미지 인식 정확도가 요구됩니다. 이 경우 주차장에서부터 추적하도록 차종과 같이 종류가 적고 높은 정확도로 판별이 가능한 대상을 선별하여 인물을 파악하는 방법 등을 고려할 필요가 있습니다.

이처럼 여러 번 재방문한 개인을 파악할 수 있다면 회원 카드 등을 사용하지 않더라도 구매 이력을 연결할 수 있게 됩니다. 또한 웹상 정보와 연계된 회원 카드를 사용한 경우 웹상 행동 데이터와 매장 내 행동 데이터를 연결할 수 있습니다.

이로 인하여 온라인에서는 디지털 전략이 최종적으로 구매로 이어졌는지를 기반으로 한 전략의 최적화, 매장 내에서는 온라인 정보를 기반으로 한 오프라인 전략을 시행할 수 있게 됩니다.

□ 자료 3-4-13 재방문 연계

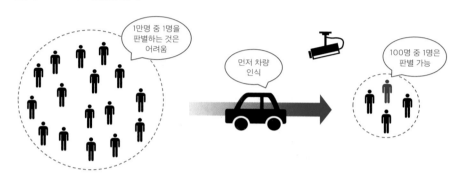

　나아가 그날그날의 상태를 추가하는 것도 가능합니다. 편안한 복장이었는지 정장 차림이었는지의 여부에 따라 퇴근 후인지 휴가 중인지의 상태를 파악할 수 있습니다. 또한 차로 방문했는지 걸어서 왔는지 여부를 더하면 한 번 구매하는 양의 한도도 알 수 있습니다. 이처럼 생활 모습으로부터 파악한 정보를 축적하면 생활 패턴 등도 파악할 수 있습니다.

□ 자료 3-4-14 생활 패턴 판별하기

디지털 마케팅에서는 SNS나 뉴스 정보를 기반으로 정확도를 높일 수 있습니다. 매장의 경우 지역에 기반한 정보를 활용할 수 있습니다. 근처 초등학교 운동회와 같은 이벤트 정보, 그 지역의 날씨 등 지역에 기반한 정보를 더함으로써 예측 정확도를 높일 수 있습니다.

□ 자료 3-4-15 근처 이벤트 등 지역성이 있는 외부 정보

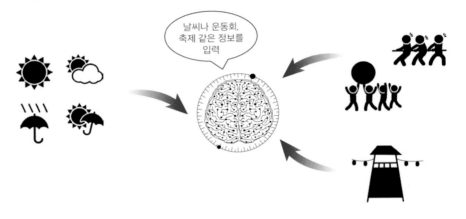

이처럼 여러 번 반복되는 행동 데이터나 지역성이 있는 외부 정보로부터 특징을 추출함으로써 그날 그 고객이 구매할 가능성이 높은 제품을 예측할 수 있습니다.

행동 데이터를 기반으로 한 전략 실행

실제 전략으로 출력

기술적으로 가장 간단한 결과물은 매대의 재편성, POP 제작, 전단지 작성 지원, 판촉 문구 작성과 같은 것입니다.

예를 들어 장바구니에 함께 넣기 쉬운 제품을 추려내어, 그 제품을 접하기 쉽도록 매대 내 상품 위치를 재구성합니다. 특히 신선식품의 경우 동시에 구매하기 쉬운 조미료 등을 함께 판매합니다.

전단지는 타임 세일 정보에 넣을 최적의 가격을 결정하거나 할인으로 특정 제품 판매하기, 관련 제품의 판매 향상까지 고려하는 것이 가능합니다.

POP 제작은 안티에이징 화장품을 살펴보고 있는 고객이 신선식품 코너에서 고등어 앞을 지나는 확률이 높다는 사실을 알고 있다면 고등어 POP에 '안티에이징에 효과가 좋은 물질 다수 함량'과 같은 정보를 넣거나, 점원이 판촉 문구로 활용할 수 있습니다.

□ **자료 3-4-16 매대, 전단지, POP, 판촉 문구의 개선 예시**

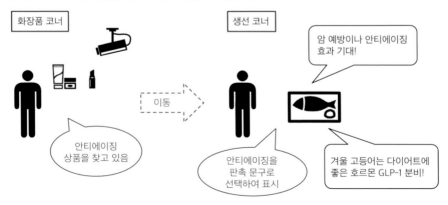

▎디지털 단말기에 출력

매장 내에서 수집한 데이터를 전략에 활용하기 위해서는 운용이 복잡해지기 때문에 실제로 접목하는 것은 어려움이 있을 수 있습니다. 또한 실시간 반영이 불가하기 때문에 고객 개별 니즈에 대응하기 어려울 수 있습니다.

매장 내에 설치된 태블릿이나 디지털 광고판 등 디지털 단말기와 연계하여 활용할 수 있습니다. 최근에는 POP 대신 영상 콘텐츠를 보여주거나 가격 표시를 디지털화한 매장도 많습니다. 비교적 도입이 쉬운 방법에 속합니다. 앞서 설명한 POP의 동적인 생성이나 관련 제품 판촉 등도 가능합니다. 디지털 단말기 근처에 있는 사람의 행동 정보를 기반으로 최적화도 할 수 있습니다.

□ **자료 3-4-17 단말기 근처에 있는 사람을 인지하여 최적화하기**

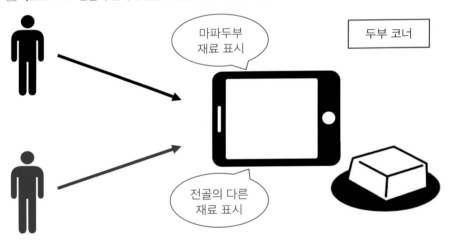

가격 할인으로 인한 구매율 증가와 그 효과로 인한 최종적인 구매 증진을 매장 내에 있는 고객을 기반으로 계산함으로써 실시간으로 가장 효과적인 타임 세일을 진행하는 것 역시 고려해볼 수 있습니다.

□ **자료 3-4-18 타임 세일 최적화하기**

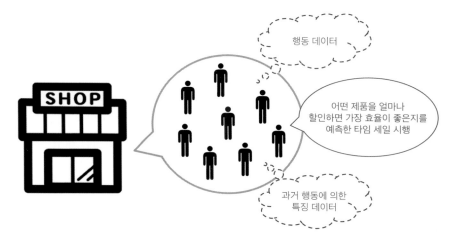

또한 디지털 디바이스를 고정된 형태가 아닌 카트에 설치하면 일대일로 대응할 수 있게 됩니다. 이미 이처럼 전략을 실행하고 있는 매장도 있습니다.

최첨단 콘텐츠로 출력하기

이처럼 최적화 방법은 EC에서 시행하고 있는 방법의 재활용에 불과하며, 각 매장의 특징이나 장점을 활용한 전략이라고 할 수 없습니다. 그렇다면 오프라인 매장만이 가지고 있는 최대 장점은 무엇일까요? 바로 많은 사람이 모여 실제로 상품을 체험한다는 점입니다.

예를 들어, 개인의 스마트 폰으로는 실현이 불가능한 고도의 VR 기술을 활용하면 매장만의 색다른 경험을 만들어낼 수 있습니다. 화장품의 경우 실제로 사용 시 자신의 원하는 성능인지를 체험할 수 있는 환경을 조성하거나, 지금까지 축적한 고객 프로필을 기반으로 유사한 다른 매장의 상품과 비교하여 표시하는 것도 가능합니다. 혹은 제품에 시선을 두기만 해도 관련성이 높은 제품이 차례로 화면에 표시되는 연출도 할 수 있습니다. 또한 지역 특산물 축제를 하는 경우 프로젝션 맵핑 기술 등을 활용하여 가상으로 그 지역의 분위기를 연출할 수도 있습니다.

이처럼 매장 내에서 기술을 활용한 엔터테인먼트 환경을 조성하면, 어떤 고객의 매장 방문 횟수에 따라 프로젝션 맵핑을 통해 바다에서 돌고래가 나오는 등의 엔터테인먼트를 시행할 수 있습니다. 이런 즐거움으로 방문하는 고객을 늘릴 수 있을 것입니다. 오프라인 매장이라는 점을 최대한 활용하여 전략을 시행하는 것이 EC 사이트에서는 할 수 없는 것이며, 이미 이를 실현하는 기술들이 개발되어 있습니다. 이때 AI의 힘을 빌림으로써 더욱 효과적인 전략을 시행할 수 있습니다.

지금까지는 EC 사이트 내 정보 공간에서 실체가 있는 제품이 거래되었지만, 앞으로는 실제 공간에서 정보 상품이 거래되는 미래가 도래하고 있습니다.

3-5 '팬으로 만들기' 위한 AI 활용

단계별 설명은 이번 장이 마지막입니다. 이번 장에서 다룰 내용은 '팬으로 만들기' 입니다. 팬이 된다는 것은 '알기 → 구매하기'라는 한 번의 프로세스에서 관계가 끊어지지 않고, 정기적으로 구매하는 관계를 가리킵니다.

팬이 되는 단계의 특징

팬으로 만들기 단계의 특징을 다른 단계와 비교해봅시다. 다른 단계와의 가장 명확한 차이는 팬이 되는 상대와의 커뮤니케이션이 더욱 진지해진다는 점입니다.

첫 번째로 커뮤니케이션 타이밍입니다. 알리는 단계에서는 다소 강렬한 광고로 어필을 한다 해도 웬만하면 관계가 나빠지는 경우는 없습니다. 단, 팬으로 만드는 단계에서는 어느 정도 신뢰가 있는 상태이기 때문에 연속적으로 메일을 보내는 등 강요하는 듯이 정보를 발신하면 오히려 귀찮게 느낄 가능성이 있습니다. 그렇다 하더라도 지나치게 연락이 뜸하여 잊혀선 안되므로 적절한 타이밍을 선택하는 것이 중요합니다.

또 하나는 커뮤니케이션 내용입니다. 구매까지의 단계에서는 기업 쪽에서 적극적으로 고객의 정보를 수집해왔습니다. 고객이 데이터 수집을 허가했다고 보기는 어렵다는 전제입니다. 따라서 고객의 행동을 기반으로 더욱 나은 제안을 할 수 있다면 좋은 점수를 얻겠지만, 그렇지 못하다 해도 점수가 깎이는 것은 아닙니다. 하지만 한 번 구매하여 관계가 생성된 이후로는 고객 입장에서도 이용 상태 등을 파악하고 있으리라 가정할 수 있습니다. 따라서 고객의 니즈에 제대로 답하지 못할 경우 감점 요인이 될 수 있습니다.

이처럼 팬을 만들기 위해서는 커뮤니케이션 타이밍, 내용 모두 더욱 세심하게 정할 필요가 있습니다.

□ 자료 3-5-1 팬으로 만드는 단계에서는 세심한 고려가 필요

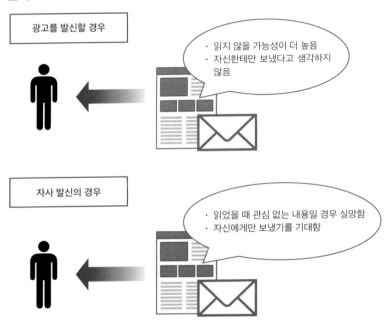

단, 이미 제품을 구매했기 때문에 제품 고유의 이용 정보를 얻는 것은 가능합니다. 또한 적극적으로 정보를 수집할 수도 있습니다. 제품별로 기존 고객으로부터 어떻게 정보를 수집할지, 그 결과물로 어떤 것들을 할 수 있을지 구체적으로 생각해봅시다.

상품 유형별 데이터의 취득 방법

알리기부터 구매하게 하기까지의 단계에서는 어떤 업종이건 관계없이 기본적으로 웹페이지나 매장에서 일반적으로 수집 가능한 정보를 전제로 이야기했습니다. 이는 일반적으로 공유되는 정보로 충분하기 때문이 아닌 현재까지 수집 가능한 최대한의 정보이기 때문입니다. 물론 부동산 등이라면 전시회 방문과 같이 업종에 따른 차이가 존재하지만, 대체로 유사하다고 생각해도 좋습니다.

다만 제품의 사용 방법 등은 고유하기 때문에 제품별 정보 설계가 요구됩니다. 여기서는 사용 상황 데이터의 수집을 기반으로 제품을 분류해보고자 합니다.

먼저 가장 데이터를 얻기 쉬운 것이 정보만으로 구성된 상품입니다. 대표적인 예는 스마트 폰 애플리케이션입니다. 이 경우 애플리케이션의 작동 상황이나 어떤 기능을 갖고 있는지 등을 비롯한 모든 정보가 수집 가능합니다.

인터넷에 접속되어 있어 특정한 방법으로 정보를 수집하는 가전 역시 정보를 수집하기 쉬운 예입니다. 소위 IoT라고 불리는 분야의 제품이 이 카테고리에 속합니다. 에어컨은 제법 더운 날에도 냉방이 아닌 제습 기능만 사용하는 가정도 있지만, 일정 온도가 되면 냉방을 사용하는 가정도 있을 것입니다. 이와 같은 데이터를 인터넷을 통해 손에 넣을 수 있습니다.

인터넷으로 연결되어 있진 않지만 지속적으로 관찰 가능한 것들도 있습니다. 교육 분야 서비스 등에는 서비스를 제공하는 사람과 받는 사람이 정기적으로 연락을 주고받습니다. 이 경우 서비스 제공자의 리포트나 교육을 받는 학생 측의 점수 및 만족도와 같은 데이터를 얻을 수 있습니다.

인터넷에도 연결되어 있지 않아 정기적인 관찰이 불가하더라도 소비 사이클이 짧은 제품의 경우 데이터화하기 쉽습니다. 우유와 같이 일주일 안에 소비해야 하는 식품이나, 샴푸와 같이 한달 단위로 소비하는 상품이 있습니다. 이처럼 상품은 소비 후 재구매가 이루어지기 때문에 지속해서 모니터링 할 수 있습니다. 또한 연관된 상품의 재구매도 예측할 수 있습니다. 샴푸를 다 썼다는 것은 조만간 린스도 구입해야 한다는 의미가 될 수 있기 때문입니다. 단, 이러한 정보는 소비재 회사가 아닌 매장에서 파악이 이루어지기 때문에 매장으로부터 푸쉬 알림 등을 받아야 합니다. 오프라인 매장뿐만 아니라 EC몰에서도 적용 가능하며, EC몰의 경우 데이터 수집이 더욱 용이합니다.

마지막으로 인터넷에 연결되어 있지 않고, 정기적인 관찰도 불가하며, 소비 사이클이 긴 상품도 있습니다. 부동산이나 자동차가 그 예시입니다. 앞으로 스마트화가 진행되면 이러한 상품들의 정보도 수집이 가능해지겠지만, 현재 상태에서는 상품의 이용상황을 파악하는 것이 어렵기 때문에 구매 시 수집한 기본적인 데모그래픽 데이터(성별, 연령, 거주지역, 소득, 직업, 학력 등의 인구 통계학적 속성)와 ID를 기반으로 한 웹 행동 정보로부터 고객의 니즈를 파악합니다. 데모그래픽 정보의 일환으로 입학, 졸업, 취업, 퇴직 등 인생의 주요 이벤트 정보도 주요합니다.

☐ 자료 3-5-2 제품 타입별 데이터 수집 방법 일람

정보만 있는 상품 (웹 및 앱)	사물 + 인터넷 (IoT)	정기적 관찰 가능	소비 사이클이 짧은 상품	인터넷에 연결되어 있지 않고, 관찰도 불가

사용 중지를 예측하기 위한 속성의 설계

팬으로 만드는 단계에서 감지해야 하는 것은 사용 정지로 이어질 가능성이 있는 행동 패턴입니다. 스마트 폰 애플리케이션의 경우 점점 로그인하지 않는 것이 그 징조입니다. 사용 방법을 잘 모르거나 업데이트가 되지 않을 때 고객서비스센터에 질문을 남겨주면 조치가 가능하지만, 그전에 상품에 대한 신뢰를 잃고 사용하지 않게 될 가능성도 있습니다. 여기서 고객서비스센터에 연락한 고객을 차후에 이탈할 후보로 보고, 상품의 사용 방법의 유사성으로부터 사용 정지의 기미를 조기에 발견합니다. 물론 이탈을 하리라는 보장은 없지만, 이탈을 방지하기 위한 대책을 취할 필요가 있습니다.

애플리케이션이나 가전과 같은 복수 기능의 사용 이력으로부터 고객의 상태를 알고 싶은 경우에는 각각의 기능을 평소에 사용하고 있는지를 딥러닝에 입력 데이터로 활용합니다. 이로 인하여 기능 A를 며칠 이상 사용하지 않은 채로, 기능 B마저 사용하지 않을 때 사용을 중지하게 된다는 것을 학습할 수 있습니다.

애플리케이션이나 미디어의 콘텐츠가 많거나 혹은 교육의 리포트와 같이 내용이 여러 갈래로 나뉘기 쉬운 경우에는 콘텐츠와 그 접촉 정보를 압축하여 딥러닝에 입력합니다.

자료 3-5-3 정보를 압축하여 딥러닝에 입력하기

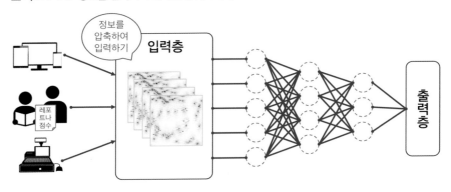

또한 소비 사이클이 짧은 상품은 그 상품과 관련성이 높은 상품을 찾아 각 상품의 구매 일자를 입력 정보로 활용합니다. 관련 상품을 찾기 위해서는 원래 같은 타이밍에 사용하는 상품의 구매 시기가 어긋났다는 가설로부터, 동일한 영수증에 들어있기 쉬운 상품군을 추출합니다.

□ 자료 3-5-4 연관성이 높은 상품을 추출하여 구매 이력 입력하기

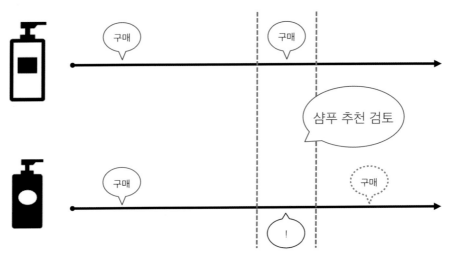

사용 상태가 파악되지 않는 종류의 상품은 프로모션 메일 등으로 웹상의 접점을
만들어 행동 패턴을 파악합니다. 부동산의 경우 리노베이션, 자동차의 경우에는
차 교환 등의 타이밍을 예측합니다.

□ 자료 3-5-5 프로모션 메일 등으로 행동 패턴 파악하기

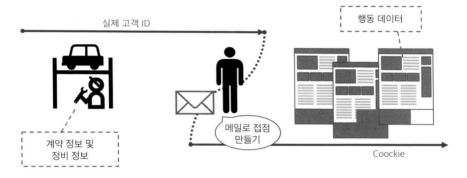

이탈을 막기 위한 메시지

메시지를 전달하여 이탈을 막으려 할 때는 FAQ의 데이터를 활용합니다. 먼저
FAQ에서 '이런 상태일 때'에 '이처럼 대답한다'와 같은 대응을 만듭니다.

다음으로 '이런 상태일 때'를 분명하게 나타내고 있는 사용자의 행동 패턴을 생
각합니다. 그리고 그 행동 패턴과 특정 공간에서의 유사 행동 패턴의 범위를 정합
니다. 그리하여 '이런 상태일 때'에 해당하는 사용자를 대상으로 '이처럼 대답한다'
는 콘텐츠를 제공합니다. 이 콘텐츠가 도움이 되었는지 결과를 수집하여 이탈에
대응하는 행동 패턴을 최적화 해나갑니다.

'인터넷이 가끔 끊어진다'는 질문에 'LAN 케이블이 제대로 접속되어 있나요?',

'무선 LAN과 본체 사이에 방해물은 없나요?', '전자레인지를 사용하고 있지는 않나요?', 'IPv6 설정을 링크 로컬 전용으로 하진 않았나요?'와 같은 답변을 준비했다고 합시다. 이 답변의 결과를 축적하여 AI가 학습함으로써 '인터넷이 가끔 끊어진다'는 사용자에게 사용자가 무선 LAN을 사용하여 확인하지 않아도 '무선 LAN과 본체 사이에 방해물은 없나요?'와 같은 답변을 받을 수 있게 됩니다.

□ 자료 3-5-6 FAQ로부터 임시 타기팅 메시지를 만든 후 개선해 나가기

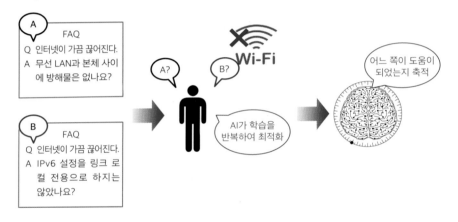

챗봇 활용하기

지금까지는 수집 가능한 행동 데이터로부터 고객의 심리상태를 추정했습니다. 하지만 고객과 어느 정도 신뢰 관계가 쌓인 상태에서는 정보를 적극적으로 요청할 수 있습니다. 최근 널리 사용되고 있는 인터페이스인 챗봇을 활용하여 고객의 심리를 적극적으로 파악할 수 있습니다.

FAQ의 내용을 기반으로 작성한 '이런 상태일 때'와 '이처럼 대답한다'를 사용하는 것이 가장 간단한 챗봇의 활용 방법입니다. 사용자의 행동을 수집한 경우에는 이를 기반으로 '이런 상태가 아닌가요?'라는 질문을 보냅니다. 상황 판단이 옳았을 경우, 준비해둔 답변을 제공합니다. 틀렸을 경우에는 '곤란한 점은 없으신가요?'와 같이 여러 가지 상황에 대응 가능한 질문을 던집니다. 고객의 대답에 따라서, 자연어 처리를 통해 검색 일치도가 높은 대답을 제공합니다. 그 질문이 도움이 되었을 경우에는 다음번에도 이렇게 대응하도록 학습합니다. 이렇게 행동 데이터와 '이런 상태' 데이터를 매칭해나갑니다.

해결책을 매칭하는 것도 중요하지만, 매칭되지 않은 답변을 축적하는 것이 더욱 중요합니다. 매칭되지 않은 답변들을 자연어 처리 결과의 유사성으로 그룹화하면 유형화된 상태에 대한 대답의 정확도를 높일 수 있습니다.

□ 자료 3-5-7 챗봇의 UI와 매칭 결과를 학습하는 모습

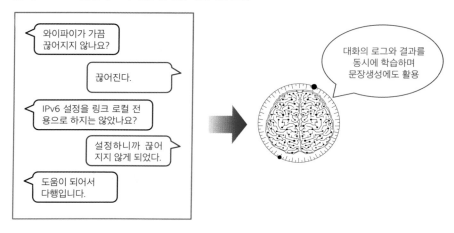

단, 여기서 설명한 챗봇은 FAQ의 UI만 다른 버전에 지나지 않습니다. 이것만으로는 사용자가 안고 있는 심층적인 문제들을 알 수 없습니다. 그런 문제들을 알기 위해서는 일상적인 대화가 가능한 친구 같은 챗봇을 만들 필요가 있습니다. 지금까지 설명한 문장의 자동생성 방법을 활용한다면 가능할 것입니다.

FAQ가 아닌 일상적인 대화를 하기 위해서는 일상 대화 데이터를 학습시킬 필요가 있는데, LINE과 같이 자사 채팅 서비스를 갖고 있지 않다면 대규모의 대화 데이터를 수집하는 데에는 어려움이 있습니다. 이때는 공개된 일상 대화 데이터셋 등을 활용할 수 있습니다. 한 예로 약 66시간의 대화를 문자화한 데이터가 수록된 'BTS에 의한 다언어 구어 말뭉치 (상업적 이용에는 제공자와 별도 협의 필요)[14]' 등이 있습니다.

---

14 http://www.tufs.ac.jp/ts/personal/usamiken/corpora.htm

입수한 대화 데이터의 각 문장을 3-1의 '메시지의 중요한 요소는?(96p)' 항목에서 설명한 방법을 활용하여 AI가 읽어낼 수 있도록 변환합니다. 그리하여 특정 문장이 들어올 경우 어떤 문장을 반환해야 하는지를 학습시킵니다. 필자가 아는 한 아직 확립된 방법은 없는 듯합니다. 3-2의 '큰 흐름을 따라 짧은 문장 만들기(123p)' 항목에서 설명한 RNN이나 LSTM 방법을 활용하면 단순한 일문일답의 대화 엔진이 아닌 지금까지의 문맥 수준의 대화를 하는 엔진을 만들 수 있을 것입니다.

이러한 엔진을 활용하여 실제 사용자와의 대화로 데이터를 점점 축적해나갑니다. '이런 식으로 대답하면 더 좋을 듯하다' 등의 기능을 넣어 적극적으로 사용자가 기대하는 표현 데이터를 수집할 수 있습니다.

CHAPTER

4

수요를 개척하는
AI 마케팅

4-1 잠재적인 의식을 불러일으키는 AI

Chapter 3에서는 가시화된 수요에 부응하기 위한 분석 방법과 고객이 제품을 알고, 구매하고, 팬이 되기까지의 과정에서 각 접촉 포인트의 효율을 최대화하기 위한 AI의 도입 방법에 관하여 설명했습니다. 이는 고객의 응답을 직접적으로 기대하는 다이렉트 마케팅에서의 AI의 활용 방법이라고 볼 수 있습니다. AI 기술의 활용이라는 측면에서 전 장까지 포괄적으로 소개했습니다. 여기서부터는 명확한 응답을 바라는 다이렉트 마케팅의 영역을 뛰어넘어 지금까지 소개한 기술을 조합하여 잠재적 수요에 부응하기 위한 상품 브랜딩 방법에 관해 설명하고자 합니다.

수요를 만드는 것이란?

피터 드러커의 정의에 의하면 가시화된 수요에 부응하는 것을 마케팅이라고 하며, 잠재적인 수요에 부응하는 것을 이노베이션[15]이라고 부른다고 합니다. 그런 의미에서 잠재적인 수요에 부응하는 마케팅이라는 단어는 모순을 안고 있습니다. 한편, 드러커는 "마케팅은 과학적으로 컨트롤이 가능하지만 이노베이션은 컨트롤할 수 없다."는 뉘앙스의 이야기도 했습니다. 세상 누군가가 몇백 년이 걸려 처음 발견한 본질적인 이노베이션이라면 AI를 활용한다고 할지라도 과학적으로 체계적인 실현은 어려울지도 모릅니다. 하지만 '일부 사람들은 알고 있지만 많은 사람이 깨닫지 못한 무언가 훌륭한 것을 검출하는 일'이라면 체계적인 서포트도 가능할 것입니다. 참고로 피터 드러커는 이노베이션의 한 예로 "이누이트를 상대로 동결 방지용 냉장고를 파는 것은 새로운 공정 개발이나 새로운 제품 발명이 필요 없는 이노베이션이다."[16]라고 말했습니다. 이 수준의 작은 이노베이션이라면 현재의

---

15 피터 드러커, <피터 드러커 - 매니지먼트>, 청림출판, 2007년 8월 30일, 17~18p
16 동 p18

AI 기술을 활용하여 체계적으로 만들어낼 수 있습니다.

인간의 궁극적인 창조성에 기반한 이노베이션을 드러커가 정의한 의미로 사용하여 '과학적으로 실현 가능한 이노베이션'을 '잠재적인 수요에 부응하는 마케팅'으로 정의하여 이야기를 진행하도록 하겠습니다.

과학적으로 이노베이션 재현하기

과학적으로 이노베이션을 실현하는 방법은 3단계로 나눌 수 있습니다. 제1단계는 '아직 상품화되지 않았지만 이미 많은 사람들이 실천하고 있는 것', 제2단계는 '일부만이 실행하고 있는 훌륭한 것', 그리고 제3단계는 '누구도 하고 있지 않지만, 들으면 납득하는 것'입니다.

각 단계의 구체적인 방법론에 대해서는 다루는 데이터를 중심으로 설명하고자 합니다.

▌ '아직 상품화되지 않았지만 이미 많은 사람이 실천하고 있는 것' 찾기

'아직 상품화되지 않았지만 이미 많은 사람이 실천하고 있는 것'을 찾는다는 게 어떤 것일까요? 지금은 당연하게 생각하지만 15년 전쯤 아침 전용의 캔 커피가 출시되어 큰 성공을 거두었습니다. '아침에는 졸리니까 커피를 마시자'와 같이 당연하게 느껴지는 습관을 상품화한 것뿐이지만, 상품으로 실현했다는 것에 가치가 있습니다.

그렇다면 어떻게 실현을 하면 좋을까요? 과학적으로 이노베이션을 실현한다는 것은 '상품화'와 '습관'과 같은 두 가지 측면에서의 차이를 발견하는 것입니다. 차이를 발견하기 위해서는 복수의 데이터로부터 특징의 차이를 학습해야 합니다.

위의 예시를 따르면 상품화의 경우 POS 등의 상품 데이터, 습관의 경우는 사용자의 행동 데이터 특징을 비교합니다. 이미 많은 사람이 실천하고 있는 것을 발견하기 위한 사용자의 행동 데이터로는 SNS 데이터가 유효합니다. 콘텐츠 접속 데이터는 기업이나 유명인이 발신하는 정보의 영향을 받기 쉬우며, 사용자가 발신하는 정보를 수집하기가 쉽지 않기 때문입니다. 사용자가 발신하는 정보를 구조화하여 대상이 되는 상품과 관련 있는 정보를 수집합니다. 이어서 POS 정보를 같은 양식으로 구조화합니다. 이 경우 상품 설명에서 키워드를 추출하는 형태가 됩니다. 아침 전용 커피의 경우, '아침 전용 캔 커피', '눈이 번쩍 뜨이는 맛', '매일 아침 시작'과 같이 아침을 연상하게 하는 키워드를 포함하고 있을 것입니다. 이와 같은 처리를 동일 카테고리 내의 상품에 시행함으로써 해당 카테고리 내의 상품과 현재 제품군을 파악할 수 있게 됩니다.

이처럼 사용자가 원하는 키워드를 추출하여, 이에 대응하는 상품이 현재의 제품군에 빠져있거나 혹은 매출이 적은 경우 '아직 상품화되지 않았지만 이미 많은 사람들이 실천하고 있는 것'임을 알 수 있습니다. 여기서 주의할 점은 매출이 적다는 것은 '아직 상품화되지 않았지만 상품화되면 많이 팔릴 상품'과 '많은 사람이 실천은 하고 있으나 일부러 상품으로까지 만들지 않아도 되는 상품' 두 가지 경우일 수 있습니다. 이를 판별하기 위해서는 미디어에서 언급된 소개량의 데이터를 비교합니다. 혹시 동일 상품의 소개량이 많은 경우에는 '상품화되었고 홍보도 했지만 팔리지 않았다'는 것을 알 수 있기 때문에 후보에서 제외합니다.

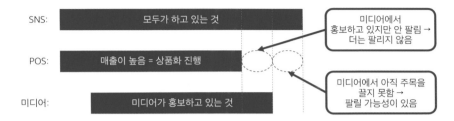

▌ '일부만이 실행하고 있는 훌륭한 것' 찾기

모두가 하는 것은 아니지만 일부가 하고 있으며 앞으로 유행 가능성이 있는 것을 추출하려면 어떻게 해야 할까요? 앞의 예시에서는 많은 사람이 하는 것을 찾는 것이었기 때문에 데이터로부터 추출하기가 비교적 쉬웠지만, 이 경우에는 아직 많은 사람이 하지 않고 있는 것을 알아내야 합니다. 단순히 숫자가 적은 정보를 선정한다면 유행하지 않을 것을 찾을 가능성이 큽니다.

그렇다면 어떻게 '가치 있는 소수파'를 찾아낼 수 있을까요? 언제나 최첨단 유행을 빠르게 좇는 감각이 좋은 사람을 찾아 그 사람이 언급한 정보를 뽑아낼 수 있습니다. 하지만 이 방법에는 문제가 있습니다. 일단 유행이라는 것에는 이렇다 할 사례가 없기 때문에 학습할 수 있는 충분한 데이터 샘플을 얻을 수 없습니다. 또한 한 사람이 여러 개의 주제에 대해 충분한 지식을 가지고 있을 가능성이 작기 때문에, 여러 가지 유행을 예측할 수 있는 특정 인물을 찾는 것은 현실적으로 어렵습니다. 통계 적용이 어려운 상태에서 지금의 AI는 힘을 발휘하지 못하기 때문에 지식인 인터뷰를 통해 식견을 얻는 방법이 더 쉬울 것입니다.

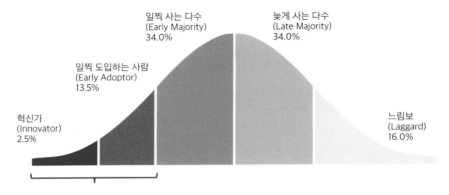

□ 자료 4-1-2 얼리 어댑터 찾기

일찍 사는 다수
(Early Majority)
34.0%

늦게 사는 다수
(Late Majority)
34.0%

일찍 도입하는 사람
(Early Adoptor)
13.5%

혁신가
(Innovator)
2.5%

느림보
(Laggard)
16.0%

숫자가 적으며, 여러 가지 분야에 정통한 사람은 더욱 적다
→ AI 학습에 적합하지 않음

　여기서 숫자뿐만이 아닌 정보의 구조까지 포함한 분석을 시행합니다. SNS와 콘텐츠 접속 데이터를 활용해봅시다. SNS 데이터는 사용자가 그 당시 느낀 실시간 데이터입니다. 한편 콘텐츠 접속 데이터는 이미 어느 정도 인지가 된 정보입니다. 이런 데이터를 조합한 상태에서 앞서 설명한 구조화를 시행합니다. SNS 데이터에만 나타나는 키워드를 실은 맵과 콘텐츠 접속 정보로 만든 키워드 맵을 비교합니다. SNS 맵에 존재하지만 콘텐츠 접속 맵에는 존재하지 않는 내용이 있는 경우, 이는 '양쪽에 모두 존재할 수 있지만 충분히 침투하지 않았기 때문에 구멍이 나 있는' 상태이며, 즉 '일부 사람들만이 알고 있는 훌륭한 것'이라고 볼 수 있습니다. 이는 해외에서는 유행이지만 일본은 아직 유행하지 않고 있는 것을 도입하는 타임머신 경영'과 같은 발상이라고 할 수 있습니다.

　이 방법을 사용할 때 유의해야 할 점은 일부러 콘텐츠로 만들 필요가 없는 개인적인 것들은 애초에 콘텐츠 맵에 나타나지 않는다는 점입니다. 구조화된 키워드 맵에서 특정 영역은 하나의 테마에 대응하고 있기 때문에 개인적인 키워드는 맵상에 전체적으로 흩어져 나타나는 경향이 있습니다. 따라서 예민하게 관찰할 필요는 없지만 구멍의 크기나 시간의 변화를 관찰함으로써 보다 정확한 정보를 얻을 수 있게 됩니다. 구멍의 크기가 작아진다면 점점 테마에 스며들고 있다는 방증입니다. 이 경우에 가까운 미래에 수요가 생기리라 예측할 수 있습니다. 더욱더 간단한 방법으로는 여러 가지 테마로 사전학습을 시킨 뒤, 콘텐츠로 만들기 어려운 개인적인 주제를 검출하여 삭제하는 방법을 고려해볼 수도 있습니다.

□ 자료 4-1-3 SNS와 콘텐츠 접속 맵 비교하기

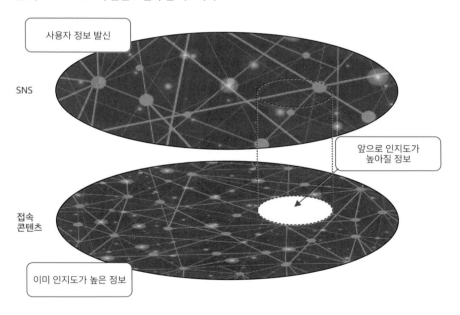

▌'누구도 하고 있지 않지만, 들으면 납득하는 것' 찾기

'누구도 하고 있지 않지만, 들으면 납득하는 것'은 2-1의 '가시화된 수요에 부응하기 위한 프로세스의 개요(50p)'에서 설명한 '겨울에 스포츠음료 마시기'와 같은 맥락입니다.

여기서는 '사람들이 인지하지 못한 채 매스 미디어에게 많은 영향을 받고 있다'는 가설을 전제로 합니다. '겨울에 스포츠음료 마시기' 역시 겨울에는 매스 미디어에서 건조 주의보를 내리기 때문에 여름과 같이 목이 마르지 않더라도 몸이 건조해지기 쉽다는 심리가 잠재적으로 작용하는 것을 이용한 것입니다. 매스 미디어의 영향을 이용하는 것은 소개된 상품을 그대로 호소하는 것이 아닌, 그 내용을 특징화하여 이를 기반으로 정보를 복원하기 위함입니다. 즉, 세간에 가장 걸맞은 상품을 찾거나 혹은 자사 상품의 판매를 증진할 수 있는 세간의 흐름을 찾는 것이라 할 수 있습니다. 이때 정보의 복원 수준을 세간이나 상품처럼 구체적인 지점에 맞추는 것이 아니라 조금 더 추상적인 특징으로 하여 사용자들이 해당 상품을 '어떤 이유로 구매할까'도 추출할 수 있습니다. 스포츠음료로 예를 들자면 한 번에 상품 단계에 맞추는 것이 아니라 '가습기', '건조기'와 같은 소구 포인트를 찾았다는 점을 들 수 있습니다.

□ 자료 4-1-4 정보를 특징화하여 매치하거나 입체 크기 조절로 이유 도출하기

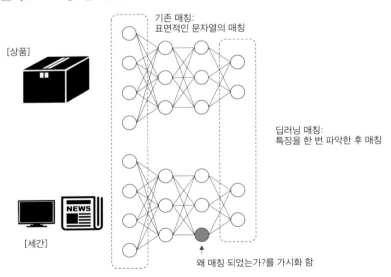

[상품]

기존 매칭:
표면적인 문자열의 매칭

딥러닝 매칭:
특징을 한 번 파악한 후 매칭

[세간]

왜 매칭 되었는가?를 가시화 함

여기서 중요한 것은 제품 측면에서 부수적인 정보를 충분히 준비하는 것입니다. 일반적인 제품 설명만으로는 그 제품의 부수적인 이야기를 충분히 끌어낼 수 없기 때문입니다. 제품 데이터를 확장할 시에는 그 제품을 사용한 사용자의 리뷰 같은 정보도 구조화합니다. 예를 들어 아로마 오일을 제안한다고 생각해봅시다. 아로마 오일은 계절과는 큰 상관이 없지만, 이 책을 집필한 2017년 여름에는 독을 가진 불개미가 도쿄에서 발견되었다는 뉴스가 세간을 떠들썩하게 했습니다. 아로마 오일은 사람의 휴식을 돕는 효과뿐만 아니라 종류에 따라서 벌레는 쫓는 효과도 있다는 정보를 추가하는 거죠. 이로 인해 마음뿐만 아니라 몸도 지킬 수 있다는 소구가 가능해집니다.

4-2 미래 수요를 예측하는 AI

전 장에서는 잠재적인 수요를 창출하는 AI에 관해 설명했습니다. 이 방법으로는 현재 가시화되지 않은 수요를 파악할 수 있으며, '현재' 시점에 초점을 두고 있습니다. 여기서는 미래의 잠재적인 수요 예측에 관해 설명해보고자 합니다.

데이터 분석의 4가지 분류

데이터 분석에는 'Descriptive Analytics(기술적 분석)', 'Diagnostic Analytics(진단적 분석)', 'Predictive Analytics(예측 분석)', 'Prescriptive Analytics(처방적 분석)'이라는 4가지 분류 방법이 있습니다. 이 책의 지금까지 설명에는 '상태에 재현성이 있다면'이라는 암묵적 가정이 있었습니다. 따라서 기본적으로 '어떤 일이 일어났는지'에 대한 설명이며 이 법칙이 앞으로도 적용이 가능하다는 전제 아래 있으므로 Diagnostic Analytics의 범주에 있습니다.

Predictive Analytics나 Prescriptive Analytics 기술은 아직 확립되지 않았으며, 드러커도 "미래는 예측이 불가하다"고 말하고 있습니다. 하지만 실제 마케팅 현장에서는 현재 상태에 맞게 최적화하는 것이 아닌 누구도 본 적 없는 문화형성까지도 포괄하는 미래 창출이 요구됩니다. 더욱더 큰 시장을 개척할 수 있기 때문입니다.

뛰어난 크리에이터의 '감'은 절대 무질서한 것이 아닙니다. 언어화가 되지 않은 영역에서 세간의 흐름을 예민하게 읽어내는 것과도 같습니다. 현재의 AI로는 이와 같은 크리에이터의 능력을 완전히 대체하는 것은 불가능하지만, 여기서는 '현재의 설명'인 Diagnostic Analytics에서 '미래의 예측'인 Predictive Analytics까지
의 첫걸음에 대하여 설명하고자 합니다.

□ 자료 4-2-1 4가지 분석 방법

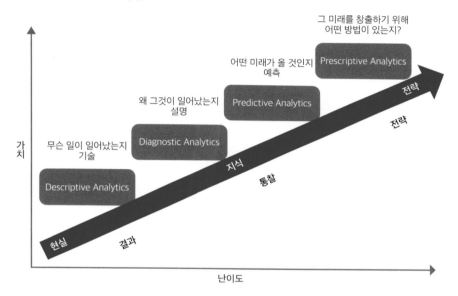

출처: Descriptive Predictive Prescriptive Analytics(http://www.datascienceassn.org/content/descriptive-predictive- prescriptive- analytics)

과거의 경향으로부터 미래의 경향 예측하기

여기서 일부러 '과거의 경향으로부터'라고 이름을 붙인 이유는 인간이 미래를 예측할 때 '표면적으로는 과거와 같은 형태의 일이 일어나지 않는다고 해도, 그 뒤에는 법칙성이 있다'고 느끼기 때문입니다. 그렇다면 과거의 경향으로부터 미래의 경향을 예측하는 방법을 하나씩 알아보도록 하겠습니다.

▌ 미래 예측이란 무엇인가?

미래 예측이란 무엇일까요? 웹사이트에서 매일 평균 10,000회의 페이지 뷰가 발생하는데 주말에는 뷰 수가 떨어지는, 일주일 간격의 주기성이 있다고 합시다. 이와 같은 경향이 있을 때, 30일이 지난 후, 뷰 수가 300,000회이며 그 주기성도 특별한 변화가 없었다고 합시다. 이런 경우는 미래 예측이라고 부르기는 어렵습니다.

최근 몇 년의 할로윈 붐을 이전부터 예측한 경우에는 충분히 미래 예측이라 부를 수 있을 것입니다. 하지만 이 할로윈 유행이 계속될 것이라고는 아직 단언할 수 없습니다. 몇 년 전부터 화제인 '거품 파티'가 앞으로도 계속 유행할 것 같지는 않습니다. 이와 같은 감각 뒤에는 '같은 이벤트를 몇 번이나 참가하면 점점 질린다', '당연해지면 질린다', '이벤트 상품보다는 즐기는 것 자체가 중요', '유사한 이벤트라도 다른 점이 있다면 즐길 수 있다', 등 몇 가지의 법칙성이 있다고 볼 수 있습니다.

할로윈 유행이 계속되지 않을 거라는 사실은 믿기 어려울지 몰라도, '몇 번 반복하면 질린다'는 것에는 보편적으로 공감할 수 있을 것입니다.

즉 여기서 말하는 미래 예측이란 이처럼 '표면적으로는 유사한 상태로 비춰지지만, 숨은 특징이라는 점에서는 확신을 가질 수 있는 보편성에 기반한 미래 예측'이라고 표현할 수 있습니다.

▮ 숨은 특징의 추이를 예측하기

숨은 특징의 추이를 예측하는 것을 미래 예측이라 부를 수 있다면 딥러닝으로 특징을 파악하여 그 변화를 좇는 방법으로 미래 예측이 가능해집니다.

자동차 등을 포함한 일반적인 이동수단에 대한 이미지가 어떻게 변화해갈지를 예측해봅시다. 다른 단어가 어떻게 사용되고 있는지 정보의 특징을 파악함으로써 대응할 수 있으리라 생각할 수도 있지만 이 방법에는 어려움이 있습니다. 이동수단의 이미지가 시대에 따라 변하는 것처럼 이동수단을 나타내는 단어가 가진 이미지도 시시각각 변화합니다. 무언가 기준을 정해야 합니다. 의미가 변하기 어렵다는 것은 다른 단어와의 관계성에 변화가 생기기 어렵다는 것을 기준으로 할 수 있습니다. 그리하여 얻은 기준 단어에 대한 관계성을 기반으로 특징을 추출하여 '이동수단'을 좌표 공간상에 맵핑합니다. 이 변화를 좇기 위하여 이동수단의 특징을 1년 단위로 계산합니다. 이때 이동수단과 함께 사용하기 쉬운 단어도 같은 공간상에 맵핑하여 수학적인 특징을 파악할 수 있을 뿐만 아니라 단어의 의미를 이해하기 쉬운 형태로 인식하는 것도 가능합니다.

자료 4-2-3은 실제로 얻어낸 플롯입니다. 재밌는 점은 좌표 공간의 원점 근처를 중심으로 자동차가 가지는 특징이 순환 운동을 하는 것처럼 보인다는 것입니다. 이는 이동수단이라는 단어 자체의 본질적인 의미가 시기에 따라 중심이 변하고 있다는 것을 나타냅니다. 태양의 중력 주변의 행성이 궤도를 돌고 있는 것처럼 보입니다. 분명 인간이 'OO란 이런 것'이라고 인식할 시에 처음부터 정확히 그 의미를 이해하는 것이 아닌 '대충 이런 의미겠지? 아니다, 조금 다를지도 몰라'와 같은 형태로 그 단어의 본질적인 의미로부터 중력을 느끼며 조금씩 위치를 수정하는 것을 사회 단위로 시행하고 있는 것이라 설명할 수 있습니다.

□ 자료 4-2-2 공간상 이동수단의 특징 추이

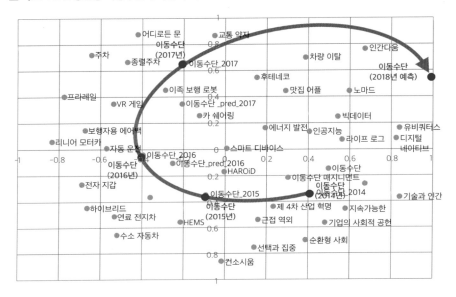

또한 단어 하나의 추이뿐만이 아니라 자료 4-2-3과 같이 두 가지 단어의 추이를 살펴봄으로써 더욱 획기적인 정보를 발견하는 것도 가능합니다. 단어 X와 단어 Y는 본래 이미지가 유사한 단어는 아니지만 어떤 특정한 때에 이미지가 가까운 순간이 있었다고 가정합시다. 이를 파악할 수 있다면 그야말로 시대를 반영한 프리미엄 감각의 콜라보레이션이 가능해집니다.

하나의 테마가 어떻게 변해가는지를 예측하는 것도 이미 복잡한 일이기 때문에 변화하기 쉬운 두 가지 테마가 매칭하는 순간을 발견하는 것은 상당히 어려운 일입니다. 이와 같은 능력은 시대를 예민하게 읽어내는 탑 크리에이터가 갖추고 있는 한 요소일지도 모릅니다.

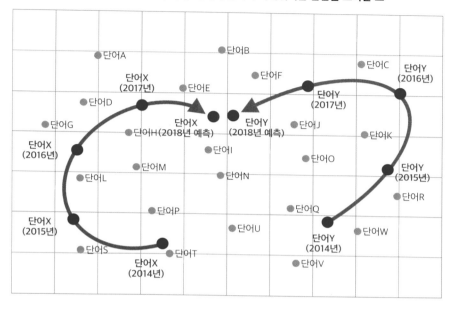

신기술 개발과의 제휴

'1-1 다시금 주목받는 AI(14p)'에서 설명한 바와 같이 고객의 니즈를 실시간으로 파악하여 상품으로 제공하는 커스터마이제이션이 실현되고 있습니다. 하지만 제품의 특성에 따라 기술개발을 필요로 하는 것도 적지 않습니다. 이 투자 영역을 결정하기 위해서는 Predictive한 예측 엔진이 주요해집니다.

여태까지 앞으로 연구가 활발하게 이루어질 영역을 예측하는 방법에 대해 다뤘습니다. 논문의 인용 관계에 기초한 네트워크를 만들어, 3-3의 '어떤 링크 구조로 할 것인가?(138p)' 항목에서 설명한 방법을 활용하여 아직 개척되지 않은 영역을 예측하는 시스템을 도쿄대학이 연구한 끝에 '학술 도감 시스템'[17]을 공개하였습니다. 이 시스템은 논문 정보만을 활용하여 예측하기 때문에 연구된 기술이 실제로 시장에서 상용화될 것인가는 반영하고 있지 않습니다. 전 항에서 설명한 이미지의 추이를 예측하는 시스템과 연계하면 연구가 더욱 활성화되어 미래의 시장에서 수용될만한 영역을 추측하는 것도 가능해질 것입니다.

앞서 이동수단에 관한 이미지의 추이를 정성적으로 해석하면서 다시 한번 구체적으로 생각해봅시다. 이동수단은 2014년 '4차 산업 혁명'이라는 계몽적인 개념에 가까이 존재했지만, 2015년에는 'HEMS'[18], '센싱'과 같은 4차 산업 혁명을 뒷받침하는 기반 기술과 연결되어 있습니다. 나아가 2016년에는 '자율주행'과 같이 구체적인 기능과 연결되며, 2017년에는 '이족보행 로봇'이나 '도라에몽 어디로든 문'과 같은 미래 기술과 연결되어 있습니다. 한편 이미지는 이동수단이 본래 가지고 있는 개념의 주변에서 회전하고 있기 때문에 2018년에는 '차량 이탈', '사람다운', '노마드' 등, 기술편향에서 인간 중심의 키워드로 돌아왔습니다. 여기서 말하는 차량 이탈이란 인간이 차를 타지 않게 된다는 의미보다는 차가 단순한 이동 수단 이상의 가치를 부여한다는 의미로 생각할 수 있습니다. 이와 같은 의식의 변화가 발생한 경우, 자동 조종 기술의 개발도 중요하지만, 자동차 내부의 냉장고 등 가정생활의 일부를 옮기는 기술 개발도 필요하다는 시사를 고기능화에 편양하기 쉬운 기업에 전할 수 있을지도 모릅니다.

---

17 http://academic-landscape.com
18 HEMS란 Home Energy Management System의 약자로 가정에서 사용하는 에너지 관리 시스템을 가리킨다.

□ 자료 4-2-4 연구영역특정 시스템에 시장미래예측 시스템을 연계하기

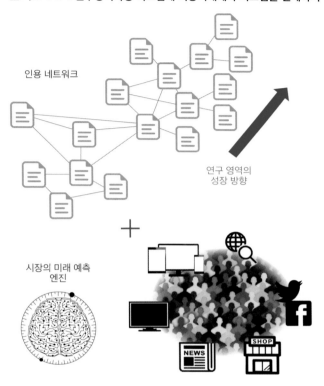

인용 네트워크

연구 영역의
성장 방향

시장의 미래 예측
엔진

4-3 새로운 미래를 만들어 내는 AI

전 장에서는 미래 수요를 예측하는 방법에 대해 설명했습니다. 이는 데이터 분석의 4가지 분류 중 Predictive Analytics(예측 분석)에 해당합니다. 브랜딩이라는 관점에서 미래에 어떤 브랜드 방향성을 가질지 알 수 있다면 이를 그대로 메시지로 사용할 수 있기 때문에 Prescriptive Analytics(처방적 분석)도 가능하다고 볼 수 있습니다. 하지만 잠재적이라고 해도 이미 수요가 있는 경우라면 모를까 아예 수요가 존재하지 않는 곳에서 새로운 문화 형성을 할 시에는 이를 어떻게 전달할 지가 중요해집니다.

문화 형성은 연예인이 한다?

전 장에서 간단하게 소개한 논문의 인용 관계를 통해 학문 전체를 파악하는 '학술 도감 시스템'을 활용하여 광고(advertisement)라는 키워드를 포함하는 논문의 전체상을 분석해보았습니다. 이 시스템은 논문의 인용이 세밀하게 되어있는 영역을 클러스터(집합)로 파악하고 있어 대상이 되는 논문 모음에 어떤 주제가 있는지를 한 눈에 파악할 수 있습니다. 광고 관련 논문 약 15,000권 중 가장 큰 클러스터는 브랜딩이며, 해당 영역 내의 4,003권의 논문이 존재합니다.

더욱이 브랜딩의 클러스터를 세분화하면 '광고 기억(1358권)', '문화 형성(1207권)', 'Web, 효과 측정(854권)', '유머(358권)'와 같이 크게 4가지 클러스터가 있는 것을 알 수 있습니다. 광고 기억과 문화 형성 클러스터 내의 가장 많이 포함되어 있는 키워드는 '연예인(Celebrity)'입니다. 즉, 연예인이 발신한 정보가 문화 형성으로 이어진다고 볼 수 있습니다.

□ 자료 4-3-1 연예인이 문화 형성에 중요한 역할을 한다(N은 논문 권수)

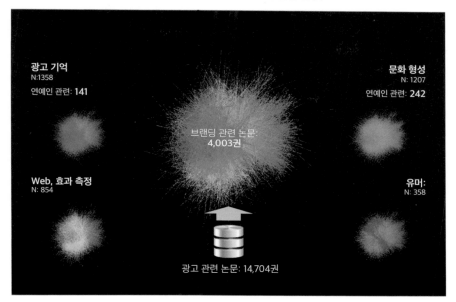

광고 기억
N:1358
연예인 관련: 141

문화 형성
N: 1207
연예인 관련: 242

브랜딩 관련 논문:
4,003권

Web, 효과 측정
N: 854

유머:
N: 358

광고 관련 논문: 14,704권

캐스팅을 서포트하는 AI

'4-1 잠재적인 의식을 불러일으키는 AI(176p)'에서는 매스 미디어가 잠재적으로 만드는 분위기, 즉 스토리에 편승하여 새로운 수요를 창출한다는 이야기를 했습니다. 하지만 아무리 찾아봐도 상품과 걸맞은 좋은 스토리가 없는 경우도 있을 겁니다. 이때는 연예인의 힘을 빌려 새로운 문화를 만드는 것이 효과적입니다. 연예인이라고 아무나 괜찮은 것이 아니라 어떤 캐스팅을 할 것인지가 중요합니다.

캐스팅할 때의 첫 번째 요소로는 해당 연예인이 정보를 발신할 경우 '대상이 되는 상품의 구매층에게 정보가 전달되기 쉬우며, 효율적으로 문화 형성을 할 수 있다'는 점을 들 수 있습니다.

□ **자료 4-3-2 연예인과 상품의 거리**

상품과 가까운 연예인이
정보를 발신하면
효과적으로
이야기를 만들 수 있다

오카자키 사에

타니가와 리사코

미라이

　어떤 사용자가 상품과 궁합이 좋을지는 '2-2 분석·계획을 뒷받침하는 기반(62p)'에서 설명한 사용자의 분류 방법으로 확인할 수 있습니다. 또한 사용자의 뷰 비율이 높은 연예인을 알아보는 것으로 누가 적절한 연예인인지 아이디어를 얻을 수 있습니다. 구체적으로 활용할 수 있는 데이터로는 '모델 프레스'[19] 데이터를 활용하거나, 특정 연예인의 기사를 열어본 사람이 어떤 상품에 관심을 가지는지 연예인별 프로필을 작성할 수 있습니다. 자료 4-3-3에서는 특정 여배우의 기사를 열람한 사람이 건강식품이나 화장품에 대해 조사할 가능성이 굉장히 높다는 사실을

19　여성에게 도움이 되는 엔터테인먼트 뉴스와 라이프 스타일 정보를 발신하는 뉴스 매체

알 수 있습니다. 이런 방법을 활용하여 사용자에게 정보 전달력이 높은 연예인을 선별합니다.

□ **자료 4-3-3 특정 여배우의 기사를 열람한 사람은 어떤 상품과 연관성이 높은가**

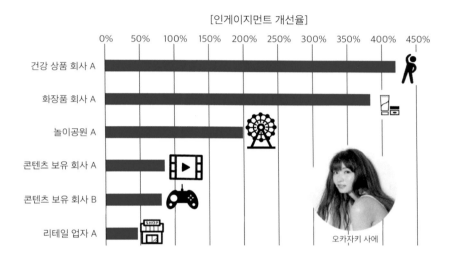

[인게이지먼트 개선율]

캐스팅할 때의 두 번째 요소는 브랜드의 이미지와 연예인의 이미지가 매치하는 가? 입니다. 상품과 연관된 사용자를 대상으로 한 정보 발신이 용이하다고 할지라 도 브랜드가 지향하는 방향성과 연예인이 매치되지 않을 가능성도 있기 때문입니 다. 예를 들어 어떤 화장품의 차후 방향성이 '덧없음'일 때, 스포티한 이미지의 연 예인을 AI가 추천한다면 이미지에 부합하지 않는 잘못된 추천이 됩니다. 여기서 연예인의 데이터도 기사 등을 통해 어떻게 묘사되고 있는지 이미지를 구조화하여 차후 방향성과 매칭해나갑니다. 이 두 가지 요소를 결합함으로 인해 상품과 연관 성이 높은 사용자 대상에게 선택적으로 정보와 이미지를 전달하는 좋은 캐스팅도 할 수 있게 됩니다.

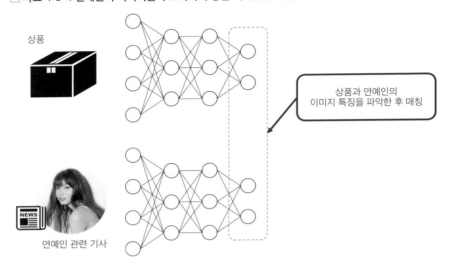

□ 자료 4-3-4 연예인의 이미지를 구조화하여 상품 이미지와 매칭하기

상품

연예인 관련 기사

상품과 연예인의
이미지 특징을 파악한 후 매칭

앞으로 인기 있을 연예인의 특징 파악하기

앞서 설명한 내용은 연예인의 기사를 많은 사용자가 보고 있으며, 또한 연예인에 관한 기사가 여러 개 있다는 것을 전제로 합니다. 하지만 실제로 캐스팅을 할 때는 새로운 서비스 출시와 함께 새로운 연예인도 함께 선전하고 싶다는 조건이 있거나, 혹은 예산 문제로 이미 인기가 있는 연예인을 고용하기 어려운 경우가 많습니다.

눈썰미가 좋은 캐스팅 담당자는 사진만 보고도 연예인의 특징을 파악할 수 있다고 합니다. 이와 마찬가지의 것을 AI로 구현할 수 있습니다. 먼저 이미 많은 사용자가 알고 있는, 기사가 많이 쓰인 연예인의 얼굴 이미지를 딥러닝으로 학습시킵니다. 이로 인해 얼굴 생김새에 관한 특징을 학습해나갑니다. 다음으로 학습한 특징을 바탕으로 특정 상품과 궁합이 좋은 사람은 어떤 얼굴 특징을 가졌는지, 혹은 특정 상품과 궁합이 좋은 이미지를 가지고 있는 사람은 어떤 얼굴 특징을 가졌는지를 학습시킵니다.

자료 4-3-5는 어떤 여배우의 얼굴 특징을 파악한 후 유사도를 조사한 것입니다. 동일 인물을 찾아낼 수 있으며, 다른 인물의 경우 필자가 보아도 비슷한 느낌의 두 명은 유사성이 높다고 판단하고 있어 납득 가능한 결과를 보여주고 있습니다. 이처럼 AI를 활용하여 아직 많이 알려지지 않아 데이터 취득이 어려운 연예인이라도, 광고하려는 상품의 고객에게 정보와 이미지를 잘 전할 수 있는지를 예측할 수 있게 됩니다.

□ **자료 4-3-5 AI가 연예인의 얼굴 특징을 학습**

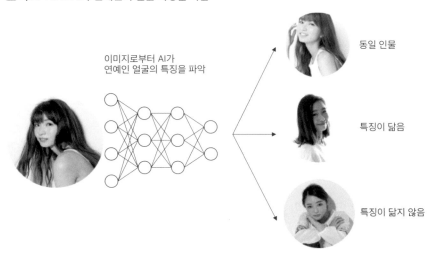

이미지로부터 AI가
연예인 얼굴의 특징을 파악

동일 인물

특징이 닮음

특징이 닮지 않음

또한 얼굴 특징을 파악할 수 있게 되면, 특정한 이미지를 더하기 위해서는 어떤 특징을 추가해야 하는지 GAN(Generative Adversarial Network) 방법을 활용하여 알아낼 수 있습니다. 같은 연예인이라 해도 머리 스타일이나 화장 방법 등에 의해 이미지 변화를 줄 수 있다는 것입니다. 여기서 파악한 특징을 패션으로 확장하여 어떤 의상일 때 어떤 이미지를 가질 수 있는지 프로듀싱 관련한 제안도 가능해집니다.

연예인의 브랜딩을 잘하기 위해서는?

지금까지는 연예인이 브랜드파워를 가지고 있다는 것을 전제로 설명했습니다. 하지만 연예인의 브랜드파워는 시시각각 변화합니다. 희소성이 높을수록 더욱 브랜드파워가 높아진다는 관점도 있지만, 대세를 주도하는 연예인이 많은 시기와 적은 시기가 있는 것도 같습니다. 시대를 움직이는 연예인이 많을 때는 새로운 문화가 점점 탄생하며, 이와 함께 소비도 발생하여 나라 전체가 활기차진다고 말할 수 있을 것 같습니다.

여론이 사람을 평가하는 방법의 변화는 상품을 평가하는 변화보다 더 격렬하기 때문에, 장기적으로 연예인의 프로듀스를 지원하는 AI 개발은 어렵습니다. 하지만 시대를 움직이는 연예인의 탄생과 성장을 지원하는 데 큰 의의가 있습니다. 동시에 이를 저해하는 원인도 떠오릅니다. 여기서는 이에 대응하는 문제 제기와 그 해결 방침을 소개하고자 합니다.

▌ 매스 미디어와 디지털 미디어

연예인이 유명해지기 위해서는 매스 미디어 노출이 매우 중요합니다. 매스 미디어에 노출이 되지 않는다면 애초에 연예인이라고 부르기 어렵습니다. 이제 막 데뷔한 연예인이라면 매스 미디어에서 다뤄지기 전후의 관련 검색 수가 1,000배 차이가 나는 일도 허다합니다.

□ 자료 4-3-6 검색 수 1,000배 되다

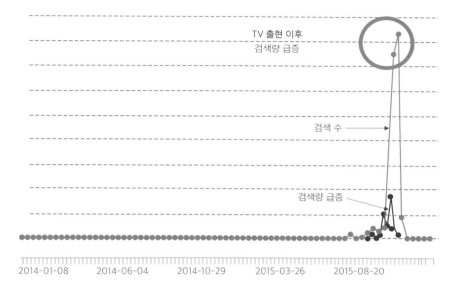

단, 매스 미디어에 노출될 수 있는 시간은 한정되어 있어 많은 연예인이 그 기회를 잡기 위해 노력하고 있습니다. 노출 자체가 되지 않아, 여론의 평가를 받지 못하는 연예인이 더 많을 것입니다. 이와 같은 상태를 타개하기 위하여 정보 발신료에 한계가 없는 디지털 미디어 중에서도 매스 미디어와 비교 가능한 수준으로 브랜드파워와 발신량을 가진 미디어가 돕는다면 효과가 있을 겁니다. 나아가 단순히 영향력이 있는 디지털 미디어에 노출되는 것뿐만 아니라 그 효과를 AI로 더 높일 수도 있습니다.

전 장에서는 연예인의 얼굴 특징을 학습하여 특정 상품과의 궁합이 좋은 신인 연예인을 발굴하는 방법에 대하여 설명해보았습니다. 이 기술을 활용하면 신인 연예인과 유사한 특징을 지니는 유명 연예인이 어떤 층의 팬이 많으며, 어떤 메시지를 발신했을 때 팬들과의 커뮤니케이션이 원활하게 진행됐는지를 학습함으로써 신인 연예인이 디지털 마케팅에 어떻게 노출되어야 가장 효과적으로 정보를 전달할 수 있는지 예측이 가능해집니다.

□ 자료 4-3-7 매스 미디어 노출 부족을 디지털 미디어로 채우기

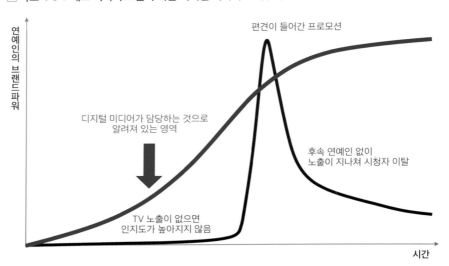

잡은 기회 활용하기

이어서 연예인이 매스 미디어에 노출될 기회가 있는 경우를 생각해봅시다.

겨우 매스 미디어에 노출되어 검색 수가 순간적으로 올랐다 할지라도 충분한 정보가 없는 경우에는 사용자의 관심이 금방 사그라질 수 있습니다. 매스 미디어에 노출되어 검색 수가 늘어난 순간을 실시간으로 포착해 디지털 미디어로도 해당 연예인을 홍보하는 것이 중요합니다.

검색 수가 늘어난 순간을 포착했다면 간단한 측정만 활용해도 괜찮지만, AI를 활용하면 디지털 미디어에 기재할 내용을 매스 미디어를 통해서 본 사용자에게 맞추어 최적화할 수 있습니다. 해당 연예인이 매스 미디어에 노출되면 검색 수뿐

만 아니라 SNS에 올라오는 게시물 숫자도 급격하게 증가합니다. 따라서 SNS 게시물 데이터로부터 긍정적인 키워드나 문장을 추출하여 '3-2 긴 문장의 자동 생성(120p)' 항목에서 설명한 방법을 사용해 실시간으로 콘텐츠를 생성합니다. 나아가 '3-5 팬으로 만들기 위한 AI 활용(163p)'에서 다룬 방법을 활용해 적당한 타이밍에 지속해서 접촉을 발생시켜 팬과의 관계를 유지합니다.

▌과도한 프로모션은 하지 않기

지금까지의 프로세스만으로 충분하다고 볼 수는 없지만 디지털 미디어와 AI를 활용하면 브랜드파워가 높은 연예인을 연속해서 배출할 수 있게 됩니다. 지금까지 '브랜드파워가 높은 연예인이 미디어에 계속 노출되면 질리기 쉽다'는 화두, 즉 '다음을 이을 연예인이 없다'는 상태도 개선되리라 생각합니다.

AI를 활용하여 SNS를 분석해 특정 연예인의 미디어 노출이 지나치게 많다는 시청자의 피드백이 있는지 실시간으로 관찰한 후, AI로 미래를 예측하여 그 시기에 맞추어 새로운 연예인을 육성하는 것도 가능해집니다.

이로 인해 '기껏 기회를 잡았는데 지나친 노출로 인해 금방 잊혔다'가 아니라 '기회를 단계적으로 잡아, 점점 브랜드파워를 향상한다', '큰 기회를 잡은 후에도 적절한 노출을 통해 장기적으로 브랜드파워를 쌓아나간다'는 상태를 실현하여 시대를 움직이는 연예인이 많아진다면 나라 전체가 활성화되는데 일조할 수 있으리라 생각합니다.

여기서는 알기 쉽게 연예인을 예시로 들었지만, 다양한 곳의 마케팅에 AI를 활용할 수 있습니다. 비슷한 방식으로 사용자와의 상성을 확인하거나, 그 후의 노출을 조절하는 일은 어떤 상품이나 서비스에도 적용이 가능합니다. 마케팅은 비즈니스에 있어 기초 문법이기 때문입니다.

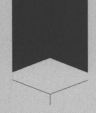

CHAPTER

5

마케팅의
미래

5-1 AI가 바꿀 미래

5-1 AI가 바꿀 미래

이 책을 통해 '왜 AI가 중요한가', '마케팅에 특화된 AI가 다른 비즈니스 영역에 미치는 영향의 크기', '가시화된 수요를 파악하여, 그 수요에 대해 어떻게 커뮤니케이션 할 것인가', '잠재적인 수요를 파악하거나 만들어내려면 어떻게 하면 좋을까'에 대해 설명해보았습니다. 지금까지 소개한 모든 것을 종합적으로 실현해가는 과정에서 어떤 변화가 미래에 일어날 것인지 필자 나름대로 예상하면서 이 책을 마무리하고자 합니다.

마케터의 일도 돈의 흐름도 바꾸는 AI

▌ 종합 마케팅 플랫폼이 가까운 미래에 현실화

가시화된 수요를 파악하기 위한 메시지의 결정과 사용자 타깃 플랫폼은 이미 일부에서는 상용화되어 있으며, 실제 비즈니스에서 활용되고 있습니다. 또한 메시지를 구체적인 크리에이티브로 전환하는 AI도 한정적 범위에서 활용되고 있으며, 정확도 또한 하루하루 진화하고 있기 때문에 가까운 미래에는 안정적으로 다양한 상황에서 활용될 것이라고 생각합니다.

현재, 미래의 잠재적인 수요를 파악하는 시스템도 시험적으로 이용 가능한 모양새는 갖추었습니다. 이 시스템들의 기술은 앞으로 하나의 플랫폼상으로 집약되는 형태가 되어 각 요소의 데이터 연계가 단계적으로 이루어지리라 생각합니다.

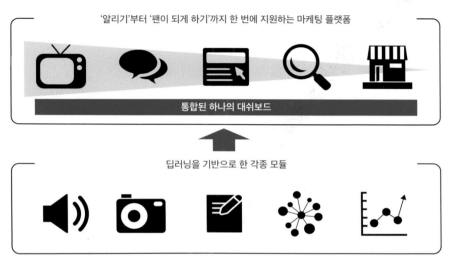

마케터의 일은 AI와 함께하여 더욱더 크리에이티브해진다

이와 같은 플랫폼이 구성되는 과정에서 마케터의 업무 내용도 바뀔 것입니다. 먼저 미디어의 예산 분배나 사용자 분류(속성 판정)의 많은 부분이 자동화될 것입니다. 다음으로 마케팅 문구나 배너와 같이 작은 규모의 크리에이티브 생성도 자동화될 것입니다. 한편, 사람에게는 브랜딩 서비스 기획 및 복잡한 크리에이티브 설계와 같은 한층 더 창조적인 일의 양의 늘어 AI가 도출한 가이드라인을 해석하는 스킬이 요구될 것입니다.

인간의 마음을 이해하는 AI는 서비스 전반의 인프라가 되어 새로운 자금의 흐름을 창출한다

앞서 언급한 통합 플랫폼은 처음에는 마케팅 목적으로만 활용되지만 인간 행동의 특징을 파악한 AI로써 많은 비즈니스 영역의 서비스 그 자체의 인프라로써 자리 잡을 것이라고 생각합니다. 이로 인해 데이터의 이용 가치가 광고뿐만 아니라

서비스 이익 그 자체가 되기 때문에 데이터 제공자에게 대가를 지불하는 모델이 구축될 것입니다. 그렇게 되면 데이터 제공자뿐만 아니라 특정 업무를 높은 정확도로 수행하는 AI를 제공하는 사업가도 등장할 것입니다.

□ 자료 5-1-2 광고 이용자뿐만 아니라 사업가로부터의 데이터 이용료 발생

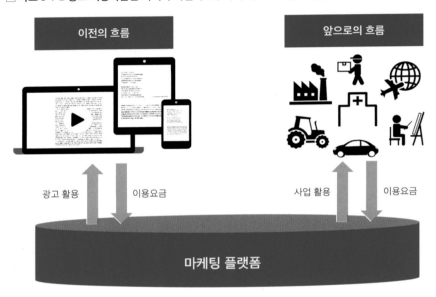

미디어도 바뀐다

▌즐거운 기억을 만드는 것이 미디어가 된다

미디어에도 변화가 발생할 것입니다. 지식인의 의견이 다수 반영된 창조적인 기사나 독자성이 높은 콘텐츠를 다량 보유하고 있으며, AI로는 대체 불가능한 미

디어만 살아남을 것입니다. 거꾸로 단순히 기존 정보를 정리한 기사는 AI가 자동 생성하게 될 것입니다. 예를 들어, 일본 경제 신문사가 제공하는 '완전 자동 결산 요약'은 현 시점에서 이미 AI가 완전한 자동화를 달성하고 있습니다.

□ 자료 5-1-3 완전 자동 결산 요약 by NIKKEI (http://pr.nikkei.com/qreports-ai/)

또한 매스 미디어의 정보를 종합한 큐레이션 계열의 미디어를 간단히 만들 수 있게 되어, 같은 종류의 내용 정보를 다루는 미디어가 늘어날 것입니다. 이미 지금도 비슷한 내용의 큐레이션 미디어가 적지 않지만, 아직 수작업으로 이루어지고 있습니다. 사용자의 정보 필터링 정확도도 높아지기 때문에 중복 없는 정보 수집이 쉬운 상태가 되리라 생각합니다.

이외의 일어나기 쉬운 변화의 하나로 한 사람 한 사람의 정보 발신 촉진이 있습니다. 지금은 일부러 동영상을 편집해서까지 정보를 전달하는 사람이 적지만, 앞으로는 누군가 즐거운 경험을 할 경우 그 동영상을 업로드하면 자동으로 설명이 추가된 콘텐츠를 생성하는 AI가 등장할 것입니다. 이렇게 만들어진 방대한 로컬 콘텐츠를 모아 개인에게 최적화된 정보를 제공하는 미디어를 만들 수 있을 것입니다. 이미 'Google 포토'에는 업로드된 이미지를 자동으로 앨범화하여 동영상으로 만드는 기능이 탑재되어 있습니다.

콘텐츠도 바뀐다

▌콘텐츠의 진짜 가치를 검토하다

콘텐츠에도 변화가 발생할 것입니다. 이는 AI 정확도 향상으로 인해 직접적인 응답뿐만 아니라 장기적으로 인간의 행동에 미치는 영향도 평가 가능해지기 때문입니다.

음악을 예시로 설명해봅시다. 현재 일본의 뮤직 인기 차트는 대부분 아이돌 음악이 차지하고 있습니다. 이는 아이돌 음악의 대상층이 음악 그 자체에 돈을 쓰는 경향이 있다는 점과 더불어 아이돌 음악의 특성상 모두가 따라 부르거나 따라 춤추기 쉬운 노래방 산업에 적합하기 때문이라고 추측됩니다. 하지만 출시되는 음악이 모두 단기적 퍼포먼스를 목표로 하는 것은 아닙니다. 장기적으로 서서히 퍼져나가는 모습이나 확실한 팬층의 마음을 사로잡고 있는지 등을 AI로 측정하여 그 경제 가치를 산출함으로써 아티스트나 미디어에 피드백을 제공하고, 시대를 뛰어넘은 메시지를 담은 곡을 만들어낼 수 있는 환경을 만들 수 있게 된다는 것입니다.

이는 음악에 한정된 이야기는 아닙니다. 학문이나 콘텐츠도 포함하여 그 존재 가치를 제대로 평가하는 일에 연결할 수 있습니다. 특히 공학 분야의 연구는 가까운 산업 분야에 얼마나 공헌하는지에 따라 평가됩니다. 이를 목표로 하지 않으면 기존 기술을 개선하여 축적하는 것에 지나지 않으며, 근본적인 이노베이션을 창출하는 것은 불가능해집니다. 이미지 인식의 정확도 향상을 단기적으로 추구할 때, 딥러닝이라는 선택지에 도달하지 못했던 것과 같은 맥락입니다.

사실 필자의 전문 분야는 인공지능이 아닌 물리학입니다. 사물의 이치를 추구한다는 마음은 인류가 생존 확률을 높이기 위해 획득한 '사랑'과 같은 숭고한 감정이라고 생각합니다. 하지만 눈앞의 이익만 추구하여 이 숭고한 마음이 사라지는 일도 때때로 존재합니다. 물리학을 전공한 사람이라면 누구나 알고 있는 일화가 있습니다. 아직 세계가 제2차 대전으로 두려움에 떨고 있던 당시, 페르미 국립 가속기 연구소의 초대 소장인 로버트 윌슨은 상하 양원 합동의 원자력 위원회에 불려가 '입자 가속기의 건설이 국가 안보에 얼마나 도움이 되는지'에 대한 질문을 받았습니다. 윌슨의 대답은 "서로 존경하고 존중하는, 즉 인간의 존엄이나 문화에 대한 사랑에만 연관된 것입니다. 이는 우리가 좋은 화가, 좋은 조각가, 위대한 시인인가 하는 문제입니다. 제가 하고 싶은 말은 이 나라에 있어서 (입자 가속기는) 진정한 존경, 명예이자 애국이라는 것입니다. 그런 의미에서 이 새로운 지식은 명예와 국가에 연관된 것이기는 하나, 국가 안보에는 직접적으로 큰 도움이 되지 않습니다. 하지만 지켜야 할 가치를 찾는 데에는 도움이 됩니다." 였습니다. 이에 대하여 동석한 물리학자들은 모두 기립 박수를 보냈습니다. 결국 이 계획은 채택되었습니다. 그리고 이 가속기는 세계적으로 가장 강력한 장치로써 활약하여 수많은 과학적인 발견을 돕고 인류의 진보에 크게 공헌했습니다.[20]

---

20 http://history.fnal.gov/testimony.html

다시 AI 마케팅의 이야기로 돌아가 보죠. 마케팅에 AI가 활용되면 인간은 현존하는 많은 복잡한 작업으로부터 해방되며 창조적인 일에 힘을 쏟을 수 있는 여유가 생깁니다. 또한 인간이 깨닫지 못하는 영역에서 최적화가 이루어져 각종 업무 효율이 높아질 것입니다. 인간의 마음을 사로잡는 기능이 마케팅 용도를 떠나 더욱더 다양한 일을 창출해낼 것입니다. 무엇보다 근시적이던 인간의 판단보다 한층 먼 곳을 보게 하여, 살아가는 데 있어 정말 해야 하는 무언가를 깨닫게 해주지 않을까요?

이 책에 관한 제안을 받았을 때 기쁜 마음으로 며칠 안에 기획서와 구성안을 만들어 바로 출판하고 싶다고 나섰습니다. 하지만 그 후 매일매일, 업무에 쫓기다 1년 만에야 다시 마음을 가다듬고 집필에 임하게 되었습니다. 많은 관계자분께 폐를 끼쳤으나 지난 1년 간 AI 기술에 상당한 진보가 있었습니다. 지금까지는 원칙적으로 가능하다고 여겨지던 것들이 실제로 서비스화되었습니다. 또한, 딥러닝 중에서도 GAN(Generative Adversarial Network)이라는 연구 영역이 활발히 연구되면서 더욱 미래를 선명히 그릴 수 있는 상태가 되었고, 이때 집필을 시작할 수 있었던 것은 책의 질만을 생각할 때는 플러스 요인이라는 생각이 듭니다. 그렇지만 관계자분들께 큰 심려를 끼쳐드렸다는 점에는 변명의 여지가 없으며, 이 자리를 빌려 사과의 말씀을 올립니다.

여기서부터는 저와 AI의 연결고리에 관해 이야기해 보고자 합니다. 저는 대학교에서 물리학을 전공했고, 박사 과정에서도 물성물리학을 전공했습니다. 즉, 순수한 인공지능 전문가가 아니란 겁니다. 다만, 물리를 전공하면서 연구 방식에 대해 생각해 볼 기회가 있어, 살아있는 동안 사회에 공헌할 수 있는 일에 임하고 싶다는 결론에 도달하게 되었습니다. 그래서 조금 느지막이 정보계 산업 분야로 들어가야겠다고 생각했고, 친구의 소개로 Web 관련 벤처기업에서 아르바이트를 시작했습니다. 물리학에서 배운 통계 기술을 높게 사서 Web 사이트의 판매 매출을 최적화하는 툴(현재도 이 서비스는 제공되고 있으며, 몇 년에 걸쳐 업계 1위 매출을 기록했습니다.)을 개발하게 되었습니다. 당시 독학으로 배운 인공지능 기술을 더욱 전문적인 레벨로 익히기 위해 박사 과정에서 인공지능을 전문으로 하는 연구실에 들어가자 마음을 먹게 됩니다. 단, 어디까지나 목적은 비즈니스 활용이기 때문에 물리학 중 정보과학 성향을 띤 곳이 아닌, 기술경영과 같은 공학적인 연구실에 들어가고 싶다고 생각하여 도쿄대학 기술경영전략학전공 내의 〈인공지능은 인간을 뛰어넘을까〉라는 책을 쓴 마츠오 유타카 교수의 연구실에 들어갔습니다. 이미 10년 전일입니다. 당시 마츠오 유타카 교수의 연구실은 사카타 이치로 교수의 연구실을 필두로 경제·경영·정책 연구실과의 긴밀한 관계를 맺고 있었습니다. 해당 연구 영역에 AI를 적용하는 방법을 중심으로 연구를 진행하면서, 그 기술을 자사가 개발한 툴에 적용해 나아갔습니다.

이처럼 학술적 분야에 반쯤 몸을 담고 있는데 인공지능영역뿐만 아니라 도쿄대학이 앞장서 해결해야만 하는 과제가 있다는 이야기를 들었습니다. 저출산 고령화 문제, 에너지·환경 문제, 서비스에 혁신이 일어나지 않는 문제 총 3가지입니다. 3번째 과제는 지금 제가 하는 일이 해결책과 연결되어있다고 느낍니다. 종래의 최적화와 같은 마케팅이 아닌, 인간의 가능성을 넓히는 혁신을 체계적으로 일으키는 시스템을 구축하는 것이 바로 저의 생에서 해결해야 하는 문제라고 생각합니다. 이 결심이 Chapter 4의 수요 창출 엔진과 이어집니다. 결과적으로 마케팅을 위해 개발한 인간의 마음을 사로잡는 엔진이 인간의 생산성을 높인다는 것과 지역 포괄 케어를 지원한다는 것이 저출산 고령화 문제 해결에도 조금은 공헌할 수 있으리라 생각합니다.

이처럼 지난 10년을 돌이켜 생각해 보면 AI에 처음 발을 담근 순간부터 지금에 이르기까지, 마케팅을 중심으로 연구 개발을 해왔습니다. 그런 의미에서 이 책은 저의 지난 10년 간의 집대성이라고 볼 수 있습니다.

지금까지 많은 분께 도움을 받아 지금의 제가 있었다는 것을 매일매일 절실히 느끼고 있습니다. 모든 분께 감사의 마음을 전하며, 이 책을 마무리하고자 합니다.

먼저 대학교 1학년 때부터 친구인 나카타 유는 저를 Web 관련 벤처기업에 소개해주었습니다. 그가 없었다면 인공지능 분야에 몸을 담게 되는 일도 없었을지도 모릅니다. 진심으로 감사드립니다. 또한 당시 Web 엔지니어에게 필요한 어떤 기술도 가지고 있지 않았던 저를 받아준 아이오익스 사장이자, 데이터 아티스트의 이사를 역임하고 있는 토모노리 타키히 사장님께도 감사의 말씀을 전합니다. 아이오익스에서 만나서, 지금은 데이터 아티스트의 부사장이 된 사쿠사베 유지로 부사장님께도 부족한 저를 10년 동안 계속 응원해주셔서 감사하다는 말씀을 전합니다.

이어서 도쿄대학 분들께도 감사 인사를 올리려고 합니다. 먼저 물리학과 연구의 기본을 가르쳐주신 오카모토 토오루 교수님께 감사의 말씀을 전합니다. 또한, 인공지능 전문가가 아닌 저를 받아주신 마츠오 유타카 교수님께도 깊은 감사의 말씀 전합니다. 교수님께서 "특징을 자동으로 잡아내는 것이 인공지능의 본질이다."라고 말씀하신 것이 지금 이렇게 제4차 산업혁명을 이끄는 것을 보며 교수님의 혜안에 탄복함과 동시에 짧은 기간이지만 교수님 곁에서 연구할 수 있었던 것을 진심으로 자랑스럽게 생각합니다. 다음으로 정책비전연구센터장 및 기술경영전략학전공장인 사카타 이치로 교수님께도 감사의 말씀을 전합니다. 지금까지 제대로 된 연구 성과를 내지 못한 것은 죄송스럽지만, 그 와중에도 끊임없이 가르침을 주시고 또한 인공지능을 학제적으로 다루어 다양한 분야에서 활용할 수 있는 방법을 알려주셨습니다. 그 외에도 사사키 하지메 님, 코시오 아츠시 님, 사카케 타케시 님은 연구 파트너이자 좋은 선배로써, 때로는 동료로써 항상 기술이 실현할 미래에 대해 시원하게 이야기해 주셨습니다.

비즈니스 파트너로 도움을 주신 모든 분께도 감사의 인사를 올립니다. 특히 덴츠 그룹의 마츠나가 히사시 님, 키시모토 아유무 님, 마에카와   님, 와다 준이치 님께는 웹사이트상에서 다이렉트 마케팅밖에 해본 적 없는 저에게 광고가 무엇인지를 알려주셨습니다. 와다 준이치 님과는 집이 가까워 항상 오가며 이야기를 들어주셔서 회의 중에는 얻을 수 없는 것들까지 많이 배울 수 있었습니다.

또, 데이터 아티스트 멤버들에게도 깊은 감사의 말씀을 전합니다. 설립한 지 얼마 되지 않은 데이터 아티스트에서 이루어질지 알 수 없는 비전을 향해 항상 긍정적인 마음가짐으로 최선을 다해 크리에이티브 및 업무에 매진해주신 덕분에 이전까지는 미래라고 생각했던 것들을 현실화할 수 있었습니다.

그리고 이번 출판 작업을 함께 해주신 데이터 아티스트 와다 료코 님, Rundle Inc. 고토 코타로 님, 마이나비 출판 니시다 마사노리 님께도 감사의 말씀을 전합니다. 와다 료코 님께서는 디렉터 업무를 맡아주셨습니다. 계획대로 진행되지 않는 경우도 많아 때로 폐를 끼쳤으나 항상 마음 든든하게 응원해주신 덕분에 끝까지 책 집필을 마무리할 수 있었습니다. 고토 코타로 님께서는 책의 도표 작성부터 구성에 이르기까지 몇 번이나 회의에 참석해 주셨습니다. 이 책에는 고토 코타로 님의 에센스가 많이 녹아들어 있으므로, 실질적으로는 공동 저자라고 생각하고 있습니다. 니시다 마사노리 님께 이 책의 제안을 받았습니다. 이 책은 니시다 마사노리 님의 그 한 마디가 없었다면 이 세상에 없었을 책입니다. 집필 중 누구보다 많은 폐를 끼쳐드렸지만, 이 책이 많은 분께 읽혀 마케팅의 패러다임을 바꾸는데 공헌하는 것으로 은혜를 갚고자 합니다.

마지막으로 가족들에게 감사의 마음을 전하고 싶습니다. 작은 미디어라도 제가 게재될 때 마다 항상 연락을 주시는 부모님의 기대와 응원이 없었다면 여기까지 중도포기 하지 않고 올 수 없었을 것이라 생각합니다. 또한 저의 두 아이들로부터 항상 많은 힘을 얻고 있습니다. 두 아이의 미래를 생각하는 것 이상으로 앞으로 전진할 힘을 주는 일은 없습니다. 두 아이가 이 책을 읽을 때쯤에는 많은 기술이 이미 노후화된 후일지도 모르지만, 이 책을 통해 전하고 싶은 마음이 언젠가 그들에게도 힘이 되어주길 기원합니다. 마지막으로, 아내에게 감사의 마음을 전합니다. 일과 생활이 잘 풀리지 않을 때에도, 때로는 같은 시선으로 때로는 다른 관점으로 항상 옆에서 지지해주어서 진심으로 감사드립니다. 책 마감 시에는 식사 도중에도 안절부절 하거나 생활 리듬을 깨서 폐를 끼치기도 했습니다. 조금 더 안정되면 느긋하게 어디론가 여행을 떠납시다. 항상 감사합니다.

AI × 빅데이터 마케팅!
마케터의 업무가 변한다

1판 1쇄 발행 2019년 7월 10일

저   자 | 야마모토 사토루
역   자 | 양희은
발 행 인 | 김길수
발 행 처 | (주)영진닷컴
주   소 | 서울시 금천구 가산디지털2로 123
　　　　　 월드메르디앙벤처센터2차 10층 1016호 (우)08505
등   록 | 2007. 4. 27. 제16-4189호

ⓒ 2019. (주)영진닷컴
ISBN 918-89-314-6108-4